Extratos de Luz

Extratos de Luz

A verdade existe, e ela viveu entre nós.

W. Costa

Dados Internacionais de Catalogação na Publicação (CIP)
(Câmara Brasileira do Livro, SP, Brasil)

Costa, W.
Extratos de luz : a verdade existe, e ela viveu entre nós / W. Costa. - Dourados, MS : Ed. do Autor, 2022.

ISBN 978-65-00-57723-5

1. Bíblia - Análise 2. Bíblia - Interpretação
3. Bíblia - Reflexões 4. Deus (Cristianismo)
5. Fé (Cristianismo) 6. Jesus Cristo 7. Vida cristã
I. Título.

22-137357 CDD-248.4

Índices para catálogo sistemático:
1. Fé : Vida cristã : Cristianismo 248.4
Henrique Ribeiro Soares - Bibliotecário - CRB-8/9314

Editora Letra Alfa
CNPJ: 56.894.617/0001-52
https://www.letraalfa.com.br
Primeira Edição: Out/2021
Edição: W. Costa - Nov/2024
https://decretosdafe.blogspot.com

Formato: PDF/Impresso/Áudio
Registro Autoral: 312242967
N.: 312242967
WWW.REGISTRODEOBRAS.COM
Dourados/Brasil

DEDICATÓRIA

A todos os fiéis, santos e eleitos combatentes da Verdadeira Fé que de uma vez para sempre foi entregue àqueles que obedecem ao Evangelho de Jesus Cristo.

A todos os que são perseguidos e odiados pelo mundo por terem escolhido a justiça.

A todos os que perderam posições, glórias e posses materiais deste mundo em prol da paz.

A todos os que são separados, escarnecidos e rejeitados por causa da Esperança do Reino de Deus.

A todos os aflitos de espírito em busca da verdade.

ÍNDICE

PARTE 2

PARTE 3

INTRODUÇÃO

"No princípio era o Verbo, e o Verbo estava com Deus, e o Verbo era Deus. Ele estava no princípio com Deus. Todas as coisas foram feitas por intermédio dele, e, sem ele, nada do que foi feito se fez. A vida estava nele e a vida era a luz dos homens. A luz resplandece nas trevas, e as trevas não prevaleceram contra ela. [...] O Verbo estava no mundo, o mundo foi feito por intermédio dele, mas o mundo não o conheceu. Veio para o que era seu, e os seus não o receberam. Mas, a todos quantos o receberam, deu-lhes o poder de serem feitos filhos de Deus, a saber, aos que creem no seu nome; Os quais não nasceram do sangue, nem da vontade da carne, nem da vontade do homem, mas de Deus. E o verbo se fez carne e habitou entre nós, cheio de graça e de verdade, e vimos a sua glória como do unigênito do Pai." (João 1:1-14)

A Bíblia é o livro mais fantástico e magnífico que já foi composto em toda a história da humanidade. Não há outras literaturas compostas que carreguem em si o conjunto de especificidades contidas na Palavra de Deus:

• Escrita por 40 autores.

• Escrita ao longo de um período de 1600 anos; entre 1.445 a.C e 90 d.C, sendo que durante todo este período suas palavras permaneceram intactas resistindo ao tempo e às intempéries físicas, sendo transmitidas gerações após gerações.

• É o livro mais vendido de todos os tempos, com mais de 6 bilhões de cópias em todo o mundo, em todos os principais idiomas, em diversas traduções e dialetos.

• O único livro que, abrangendo diferentes fases históricas da humanidade; discorrendo sobre todos os aspectos da vida humana; mostrando a manifestação da vontade, poder e propósito de Deus; sendo escrito mediante homens diferentes, de classes sociais, condições e culturas variadas – Não se contradiz em toda a sua essência, conteúdo e propósito.

• O único livro que satisfaz a alma em explicar a sua existência, origem e propósito.

• O único que fala ao homem de forma consciente sobre o pecado, a justiça e o juízo, e o caminho da redenção de todo aquele que crê no Filho de Deus: Jesus Cristo.

A Palavra de Deus é viva e eficaz em edificar, fortalecer e alimentar a alma, vivificando o espírito como nenhuma outra literatura é capaz de fazer. Vem de distantes dispensações e tempos da existência do mundo.

Cristo é o centro da Bíblia e o grande intercessor e mediador entre Deus, o Eterno e Supremo Criador, e o homem caído.

Não há registro na humanidade de uma obra tão poderosa em sua composição e influência sobre as culturas quanto a Bíblia, abrangendo todos os escalões de poder, de todas as épocas. Não há registros históricos verídicos que contraponham ou contestem a veracidade da Bíblia. Não há descobertas históricas arqueológicas comprovadas que possam desmentir todos os relatos contidos na Palavra da Vida, ao contrário, todas têm espetacularmente confirmado tudo o que se têm registrado no montante do Livro Sagrado.

Ela é o fidedigno registro da Revelação ocorrida entre Deus redentor cheio de amor e o homem pecador caído pela desobediência. O manual e o oráculo da verdadeira instrução para a vida e para o futuro, onde se encontra a exposição da verdade, onde se misturado com fé encontraremos o conhecimento da pessoa, do caráter, da natureza, dos padrões da justiça, dos juízos, dos propósitos, dos planos e da vontade de Deus para o homem e para o mundo.

É imprescindível ao meditar na Escritura da Verdade crer na Sua Transcendência Miraculosa, na Sua Onisciência, na Sua Veracidade e Infalibilidade para cumprir a vontade de Deus, para exercer governo sobre a Terra e sobre a vida individual, para instruir, iluminar e transportar a verdade sobre o Plano Divino e Obra da Salvação que foram executados para o Homem e ecoam em toda a Criação Além.

Nos breves tópicos contidos neste livro são abordados temas elementares consonantes à fé e à vida prática cristã, buscando-se suprir algumas das principais lacunas interpretativas emergidas pela grande nuvem tóxica da visão existencial secular agnóstica moderna impulsionada pela grande ascensão científica dos últimos tempos. Muito longe de se pretender esgotar somatórias dos assuntos da fé, mas visando contribuir seletivamente para um maior esclarecimento racional e prático de alguns aspectos dimensionais da revelação Bíblica.

Parte 1

1. O Deus de Todo Poder, Senhor da Existência

"Antes que os montes nascessem, ou que tu formasses a terra e o mundo, mesmo de eternidade a eternidade, tu és Deus." (Salmos 90:2)

Dentre os muitos atributos de Deus, um deles é que Ele é Soberano. Ele faz tudo o que Ele quer, da maneira que Ele quer, e ninguém de fato tem nada a questionar e nem há quem o possa impedir de qualquer coisa. No entanto, Ele não é um tirano. A Sua mesma Palavra também declara que Ele é Verdadeiro, Fiel e Justo, cheio de Graça e Misericórdia. Ele pode fazer tudo o que quer porque Ele é Perfeito em Sabedoria, Justo e Fiel. Porém mesmo sendo Deus Ele nunca jamais transgredirá a Sua própria Palavra, as Suas Promessas e a Sua Justiça. Por exemplo, Ele é o Dono de todo o Poder, e para Ele tudo é possível, exceto mentir e praticar a injustiça. Ninguém nunca jamais verá o Senhor mentindo, nem praticando injustiça, porque Ele é Fiel e Verdadeiro, como também é Justo e Santo. Se Ele prometeu qualquer coisa na Sua Palavra, Ele cumprirá. Quando Deus te ordena a ser santo, amar e perdoar ao próximo, é porque Ele mesmo se faz o maior exemplo disso, Ele é Santo, cheio de Amor e grandíssimo em Perdoar. Ele não é hipócrita.

Ele, mesmo sendo Deus, sendo também uma pessoa, com entendimento e razão, embora incomparáveis, Ele se faz o primeiro exemplo de Conduta, Caráter e Integridade em tudo o que Ele ordena às Suas criaturas, que têm o livre-arbítrio, a praticarem. O Todo-Poderoso domina eternamente pelo Seu poder, mas este domínio é através da Justiça e do Juízo, como está escrito. Ele não pode praticar a injustiça ou a perversidade, porque Ele é Santo.

Ele domina absolutamente sobre tudo, nos Céus e na Terra, mas o Seu Reino é baseado na Justiça e no Juízo da Verdade. O Onipotente em essência não pode ser mudado, pois Ele é o mesmo eternamente, mas uma das Suas promessas é que Ele atende à oração dos justos. Ele faz tudo o que quer sem nunca praticar injustiça, como está escrito, mas Ele também é Benigno e Misericordioso, pronto a perdoar. Não que a Sua Palavra ou Ele mesmo possa mudar, mas algumas das Suas resoluções, ocasionalmente, em muitos juízos que já havia determinado, podem ser miraculosamente mudadas através do arrependimento com fé, da conversão e da oração do Seu povo e de quem crê no Seu Poder.

Deus vive e existe absolutamente acima de tudo. O Seu poder, a Sua sabedoria e entendimento estão impensavelmente acima de todo raciocínio e são completamente inalcançáveis. A Sua Existência é Inexplicável, mas ao mesmo tempo Ele é possível de ser Conhecido. A Existência de Deus é o Mistério de todos os Mistérios, mas é algo que jaz na Verdade e na Razão. Deus é Real e possível de ser conhecido, por que Ele assim o permitiu e até exorta a todos fazê-lo, mesmo que a Sua existência seja inalcançável, porque Ele vive e existe acima de tudo o que se explica e do que se entende. Ele é o Senhor da Existência. Ele Existe e Ele É antes da própria Existência e do Ser existirem, porque a própria existência existe dentro dEle e todo ser é ser dentro dEle. Ele é Deus antes mesmo da própria criação da eternidade. A existência de Deus não pode ser explicada, no entanto Ele pode, se permite e quer ser Conhecido. Tudo É e tudo existe dentro dEle, e Ele É e Existe em tudo. Nós existimos dentro dEle, e Ele dentro de nós. Deus não somente existe e É, como Ele É a própria Existência e o Ser de tudo.

Deus é o Doador do Ser e o Dominador do Existir. Sem Ele, nada é e nada existe, porque tudo é e tudo existe dentro dEle, e Ele em tudo. Não podemos saber como Ele, que deu existência a tudo, vive e existe sendo o próprio Autor da Vida e da Existência. Mas podemos crer na Sua Palavra. A Fé é o Elo que nos conecta a Deus, mesmo sendo a Sua existência Inexplicável. A Fé dentro de nós de alguma forma nos faz entender tudo, mesmo que sendo impossível dizer em palavras. A nossa própria existência é um grande mistério e um espanto em que não conseguimos entender perfeitamente, e como nós mesmos vivemos e existimos, pois o universo e todas as coisas existem em mistério, ainda não podemos ver tudo em plenitude e ninguém conhece a verdade absoluta, senão através da fé. Nós podemos crer na verdade absoluta e entendê-la pela fé na Palavra de Deus, que é a verdade. É a Palavra de Deus que traz à existência as coisas que não existem, e Deus está acima de toda existência e inexistência. Assim, que diremos dAquele que É e que Existe, mas é o Criador tanto do Ser como do Não Ser, e tanto da Existência como da Inexistência! E não somente isso, como Ele também é o Criador da própria eternidade e do tempo, do ontem, do hoje e do próprio sempre.

Com certeza que tudo é maravilhoso demais para nós e tentamos transmitir apenas pequenas coisas que já foram reveladas sobre o Conhecimento dEle, mas a Palavra de Deus recebida pela Fé nos explica o que precisamos, até mesmo o Conhecimento do Senhor em espírito e mistério, quando a guardamos em nossos corações, a obedecemos e praticamos tudo o que nela está escrito. A Fé na Palavra de Deus, misturada com obediência e prática, é aquilo que te transformará e te ligará com as Dimensões da Eternidade, te trazendo o Conhecimento e a Comunhão Maravilhosa com o Nosso Bendito e Todo-Poderoso Pai da Verdade, através de Jesus.

2. Uma História de Redenção

"Nisto se manifesta o amor de Deus para conosco: que Deus enviou seu Filho unigênito ao mundo, para que por ele vivamos." (1 João 4:9)

Grande é a preocupação do mundo sobre o que realmente seja a verdade, a realidade, de onde viemos, quem somos e para onde vamos no final de tudo. Todo este universo é uma obra extraordinária do Criador que, apesar de ser unidirecional e exata, existe em mistério. Tudo o que existe aqui está debaixo de domínios e leis muito bem determinados. Tudo foi criado com suprema ciência, perfeita organização e sentido, destinado a seguir sempre na direção de uma progressiva elevação e evolução espiritual infinita. O homem é a obra final e a coroa de glória da Criação de Deus neste Universo. Tudo, no princípio, foi criado perfeito e elevado. A Terra e o Universo em segredo foram dados por Deus graciosamente para o homem viver, evoluir e se expandir infinitamente, tudo, no princípio, em troca de um simplicíssimo ato de fé e obediência, para que o livre-arbítrio, que é o atributo que glorifica a Deus e possibilita o infinito, não fosse violado. Aquele pequeno mandamento era necessário para o homem poder demonstrar a sua fé, amor e gratidão a Deus pela vida plena, infinita, cheia de felicidade e luz que Ele lhe havia dado, e por este tão grandioso presente, um reino magnífico num universo infinito, parte do Seu Reino Celestial Superior, aqui começando da Terra, que Ele lhe havia dado de forma integralmente sublime e graciosa. Era necessário, pois, que a fé de Adão fosse totalmente testada, pois o Senhor havia lhe dado um tudo e uma grandiosidade infinita em troca de um muito simples ato de fé, apenas de crer na integridade de Deus e não comer da árvore do conhecimento do bem e do mal, algo muitíssimo justo, em vista de toda a vida e de toda a grandiosa dimensão existencial que lhe havia sido gratuitamente entregue.

Sabemos que, no princípio, o homem foi tentado e, exercendo total livre-arbítrio, infelizmente sucumbiu e aceitou a oferta astuta do querubim caído, transfigurado em serpente, que lhe falou insinuando que Deus havia lhe desprezado e lhe negado o melhor de tudo. O Juízo de Deus foi justo para com o homem, para quem Ele havia dado tudo, e exatamente por justiça, Deus também teve que entregar o homem para a própria escolha que este havia feito, ou seja, a morte espiritual, que é a eterna separação de Deus, e a destruição de todo o reino existencial do qual ele era a coroa, e que ele havia desprendidamente ganhado. Deus foi justo para com Adão, em um grau completo, e o destino do homem e de todo este universo, ali naquele momento no jardim do Éden, já estava traçado para sempre, senão por uma coisa só, o amor eterno, a graça insuperável e a misericórdia sem fim que Deus teve pelo homem. Tudo o que aconteceu ali já estava previsto desde antes da Criação do mundo. Deus, de maneira nenhuma, forçou e provocou a queda do homem, mas a Sua Visão e Sabedoria são superiores a tudo. Ele é O Eterno, vive na eternidade e está acima de todas as coisas. Ele enxergou tudo o que iria acontecer e tudo o que acontece acima da existência do tempo e do espaço, e muito mais do que isto, Ele vê todo o interior de todos os corações em todos os universos.

E por causa do grandíssimo e Eterno amor com que Ele amou o mundo, Ele entregou o Seu próprio Filho, o Seu Filho Unigênito, a Jesus, e o enviou até o mundo, para que, sendo Ele Deus, nascesse miraculosamente do Espírito Santo como o Novo Adão, como homem, embora perfeito e sem pecado, e substituísse o primeiro homem para enfim viver a vida perfeita exigida pela justa justiça de Deus, como o Novo Príncipe e Gerador Espiritual da Raça Humana. Em Jesus Cristo, a humanidade caída em Adão estava sendo

regenerada e novamente gerada, numa segunda chance de arrependimento para todos, não mais partindo do nascimento carnal e natural, mas do renascimento espiritual e incorruptível que nele havia sido principiado. O Senhor nasceu integralmente como homem, embora sendo integralmente Deus, o Deus Filho, que está no Coração do Pai, e que nos trouxe a completa presença do próprio Deus entre nós, através da Sua Eterna e Indestrutível Unidade com o Pai. Jesus, assim, nasceu também como homem, embora gerado do Espírito Santo, um homem não precipuamente da Terra, mas do Céu, de natureza celestial e incorruptível, totalmente perfeito, santo e sem pecado. Todavia, em questão de limitações humanas e de sofrimentos, em tudo Ele foi semelhante a nós, sofrendo todas as dificuldades, dores e tentações a que todos nós também estamos sujeitos, exceto o pecado. Ele era o Novo Matriz do Projeto Humano, desta vez espiritual, e estava, na Sua própria vida, redimindo e recriando a Raça Humana, que havia caído. Ele, como o Filho de Deus e o Filho do Homem, teve que se sujeitar a tudo, a todas as condições, leis e sofrimentos a que todos nós também estamos sujeitos, e ainda em muito maior medida do que qualquer um de nós, mesmo que sem pecado, para que a completa prova da Sua Incorruptibilidade, Justiça e Submissão a Deus fosse inteiramente cumprida. E tendo Ele se sujeitado a tudo, tendo completado o modelo da vida de submissão e obediência ao Pai, tendo Ele se desvestido de todos os poderes e privilégios que tinha como o Filho, por amor de todos, se humilhando e se fazendo servo de todos os homens, tendo dado prova da Sua perfeição e cumprido todas as coisas, entregou-se a Si mesmo como oferta e sacrifício a Deus pela salvação e redenção do homem, morrendo pelos nossos pecados, carregando em Seu Corpo os pecados do mundo, para a salvação de todos aqueles que creem no Seu Nome.

E porque Ele venceu todas as coisas, e porque satisfez totalmente a Eterna Justiça de Deus a nosso favor, ressuscitou vitorioso ao terceiro dia para a justificação e salvação de todos aqueles que aceitarem o Testemunho do Poder, do Amor e da Verdade do Todo-Poderoso e Eterno Pai da Justiça, através da Fé, para com todos aqueles que, em arrependimento dos seus pecados, buscam a Luz e Invocam o Nome do Sempre Vivo e Misericordioso Criador. Agora a Obra da Salvação já foi feita, obteve total sucesso, está concluída e realizada no mundo. O Filho de Deus esteve entre nós. Todos os nossos pecados, e todos os poderes das trevas foram derrotados e destronados na Sua Morte e Ressurreição sem pecado por todos aqueles que creem no Seu Insuperável Amor por todos. Agora há possibilidade de absoluto perdão para todos os nossos pecados.

Agora há a possibilidade de renascermos, através do Filho de Deus, e através dEle nos foi dada Vida Eterna, a todos os que o recebem, através da Fé no Seu Testemunho, que foi consumado pela Sua Obra e Vida Perfeita que ecoará para sempre, desde então, nos tempos e dispensações das épocas que vierem a existir. A marca da Sua Vida e da Sua Obra Perfeita de Intervenção e Salvação foi impressa para sempre nos tempos e no coração deste mundo. A Oferta de Salvação está sendo anunciada para todos, e hoje ainda é tempo de arrependimento, e hoje ainda é tempo de salvação para todos os que se dispuserem a aceitar o Filho de Deus com um coração dobrado e entregue ao Seu Amor através da Fé, pois no sacrifício de Cristo, os pecados do mundo foram perdoados. Agora não há mais argumentos nem desculpas para os incrédulos e desprezadores. Agora só não há salvação para aqueles que permanecerem incrédulos e escarnecedores contra Deus, odiando a verdade e blasfemando da luz, mesmo diante de uma tão grande obra de Graça e de Salvação da parte dEle para com os que se convertem do mal e o buscam. Para estes não haverá mais salvação e sofrerão eternamente, pois rejeitaram o Filho de Deus, mesmo depois

de Ele ter morrido duramente e em perfeição pelos pecados deles para os perdoar e salvar.

Se você crer no Nome de Jesus e permanecer com Ele até o fim, esta é a promessa para você: Todos os teus pecados serão apagados, pelo Seu sangue divino e inocente, que por amor ao mundo foi derramado sobre a Cruz, para pagar o Preço da Redenção de Todos, embora nem todos aceitarão a Sua Oferta de Salvação, e nem todos serão salvos; você nascerá de novo em espírito, recebendo uma nova natureza, a natureza do Filho de Deus, espiritual, divina e incorruptível, gerada através da Vida perfeita dEle, que será para a Vida Eterna, se tornará um filho e filha de Deus, viverá na Luz, receberá uma carreira para percorrer, o Bom Combate da Fé, que é somente pela Fé e Obediência, será feito vencedor desde hoje, numa vida transformada pelo Reino Interno e pela Presença de Cristo no teu Coração, e por causa da Justiça de Cristo, que será atribuída para você, numa Nova Vida nascida em espírito, novamente você estará em paz com Deus, e Deus com você, para sempre, para que você permaneça na Fé até o fim, aguardando em esperança a promessa da Vinda Visível do Reino de Deus, da futura ressurreição imortal e da Criação de Um Novo Céu e uma Nova Terra, um Novo Universo, onde habitará a Justiça, que será o Novo Reino, lar e habitação eterna de todos os salvos redimidos, ressuscitados em poder, incorruptibilidade e glória, onde herdarão a vida integral, a alegria e a paz sem fim, vivendo juntamente com Deus e com Cristo, unidos e em harmonia com todos os demais Reinos Celestiais da Criação, à todas as incontáveis famílias e povos elevados de luz dos mundos e universos superiores, no Reino Uníssono e Indivisível do Onipotente Pai Criador, em plena existência, glória e paz que durará para todo o sempre eternamente.

3. Os Mandamentos de Deus, a Fé e o Livre-Arbítrio

"De maneira que cada um de nós dará conta de si mesmo a Deus." (Romanos 14:12)

Ao lermos ao longo da extensão da Bíblia, desde o princípio, vemos Deus intervindo no mundo e levando a cabo a execução da Sua obra, se manifestando ao homem, e contendendo com o homem e com o Seu povo para que estes reconheçam os seus maus caminhos, se voltem para Ele, se arrependam do mau e sejam salvos. Ele intervém no mundo, o tempo todo, e contende com o homem mostrando a verdade do Seu poder, a Sua justiça e os Seus juízos para que o homem enxergue a luz da verdade, se arrependa e se converta do pecado, do mal das suas mãos, e assim possa ser salvo. Deus é um Deus de justiça, de verdade e de paz, que almeja salvar a todos aqueles que o buscam, se voltando para a Sua verdade eterna. Ele é fiel, justo e bom, de maneira que deu o direito do livre-arbítrio e livre escolha para o homem, e nunca jamais violará ou tirará este direito dele. O livre-arbítrio existe, mas, todavia, ele provém da fé, de maneira que desde o princípio Deus salva o homem e traz para este a salvação através da existência da fé, pela qual existe o verdadeiro livre-arbítrio. Sem a fé não há a existência do livre-arbítrio, que provém da fé, de maneira que a fé é o princípio e a essência de tudo, e ela é maior do que o livre-arbítrio.

Muitos estudiosos e até consagrados pregadores afirmaram a inexistência do livre-arbítrio, enquanto outros o afirmaram. Isto não anula a autenticidade de seus ministérios e das suas pregações, já que a fé verdadeiramente é o princípio de tudo, pela qual o homem alcança a justificação e a salvação. Contudo, não podemos negar a existência do livre-arbítrio, que provém da fé, pois ele está demonstrado claramente em toda a extensão das Escrituras Sagradas. Vamos citar alguns versículos que atestam este atributo:

"Então disse o SENHOR: Não contenderá o meu Espírito para sempre com o homem; porque ele também é carne; porém os seus dias serão cento e vinte anos." (Gênesis 6:3)

Neste versículo vemos claramente que o Espírito de Deus "contende" com o homem, para que este se arrependa do pecado e ande no bom caminho de Deus, amando ao próximo, crendo na Sua Palavra e praticando a justiça. Sabemos que mesmo com a ação misericordiosa de Deus, os homens daquela geração, exceto Noé, não creram em Deus, para terem fé, e não se arrependeram das suas obras malignas até o fim, de maneira que não houve mais alternativa para o Senhor, senão trazer o Seu justo juízo sobre todos eles, de maneira que sobreveio o dilúvio, que matou a todos os inconversos ímpios e pecadores daquele tempo.

Segue-se o próximo versículo:

"E disse: Por mim mesmo jurei, diz o SENHOR: Porquanto fizeste esta ação, e não me negaste o teu filho, o teu único filho, Que deveras te abençoarei, e grandissimamente multiplicarei a tua descendência como as estrelas dos céus, e como a areia que está na praia do mar; e a tua descendência possuirá a porta dos seus inimigos;" (Gênesis 22:16)

Aqui está a tão conhecida ocasião em que Deus provou a fé de Abraão, para confirmar sobre este a Sua justificação e a Sua promessa. É certo que o Senhor projetou um grande plano e uma grande aliança de fé com Abraão, escolhendo-o dentre todos os homens da terra para através dele levar adiante o Seu plano de redenção que no final alcançaria todo o mundo, entre os que creem no Seu Nome. Vemos ali que Deus fez um pedido para Abraão, que não poderia ser senão o maior de todos os pedidos, que Abraão entregasse a Deus em sacrifício o seu único e tão amado filho, nascido pela promessa de Deus e em plena sua velhice. Não poderia haver pedido mais difícil para Abraão, lembrando que este foi um acontecimento específico, em que estava envolvido um estágio no plano da redenção do mundo, e Deus não pedirá novamente jamais que ninguém faça tal coisa, pois ela foi cumprida em Abraão, que foi chamado o Pai da Fé daqueles que creem em Deus. Abraão não desobedeceu a Deus, antes, creu no Seu poder e na Sua Palavra, levando o seu filho para o lugar designado, e estava mesmo para sacrificar o seu unigênito, quando o anjo do Senhor bradou do céu e lhe impediu que matasse o seu filho, pois Deus viu que definitivamente Abraão havia crido nEle e obedecido à Sua Palavra, de maneira que foi chamado amigo de Deus, fazendo um ato semelhante a Deus que, cheio de insuperável amor pela humanidade, um dia entregaria o Seu Filho Unigênito para salvar o mundo.

Vemos então que Deus provou a Abraão, que pela fé tomou uma decisão extremamente difícil, exercendo pela fé o livre-arbítrio numa decisão praticamente impossível para ele, por temer e amar ao Senhor, que já lhe havia jurado que em Isaque, seu filho, seria chamada a sua descendência, crendo que Deus era poderoso para até dentre os mortos ressuscitar o seu filho. Seguimos para mais um versículo:

"Agora, pois, se diligentemente ouvirdes a minha voz e guardardes a minha aliança, então sereis a minha propriedade peculiar dentre todos os povos, porque toda a terra é minha." (Êxodo 19:5)

Aqui vemos com clareza que Deus fez uma aliança com Israel, para que este fosse o Seu povo, e andasse de acordo com as Suas leis. Está muito claro que o mandamento de Deus e a Sua aliança eram condicionais, ou seja, dependiam da fé e da obediência dos Seus escolhidos. O livre-arbítrio não foi tirado, o povo poderia obedecer ou desobedecer a Deus, de acordo com a fé ou incredulidade que neles existisse. O mandamento era condicional, dizendo: *"Se diligentemente ouvirdes a minha voz"*, de maneira que estava sendo respeitado o total livre-arbítrio e direito de livre-escolha, que vem primeiro pela fé. E sabemos que o povo incontáveis vezes foi incrédulo, se rebelando contra Deus e desobedecendo a Sua fiel Palavra, que conduz para a prosperidade e para a vida, e assim por desobedecerem, sofreram muitas disciplinas e o juízo de Deus, que vem pela Sua reta justiça.

Vamos para o próximo trecho das Escrituras:

"E os filhos de Israel fizeram secretamente coisas que não eram retas, contra o SENHOR seu Deus; e edificaram altos em todas as suas cidades, desde a torre dos atalaias até à cidade fortificada. E levantaram, para si, estátuas e imagens do bosque, em todos os altos outeiros, e debaixo de todas as árvores verdes. E queimaram ali incenso em todos os altos, como as nações, que o SENHOR expulsara de diante deles; e fizeram coisas ruins, para provocarem à ira o SENHOR. E serviram os ídolos, dos quais o SENHOR lhes dissera: Não fareis estas coisas. E o SENHOR advertiu a Israel e a Judá, pelo ministério de todos os profetas e de todos os videntes, dizendo: Convertei-vos de vossos maus caminhos, e guardai os meus mandamentos e os meus estatutos, conforme toda a lei que ordenei a vossos pais e que eu vos enviei pelo ministério de meus servos, os profetas. Porém não deram ouvidos; antes endureceram a sua cerviz, como a cerviz de seus pais, que não creram no SENHOR seu Deus." (2 Reis 17:9-14)

Vemos aqui que, após muitos acontecimentos, o povo de Israel, já no tempo dos reis, se desviou da lei do Senhor, pela incredulidade, se rebelaram e praticaram todo tipo de pecado, de sujeira e obras malignas, desprezando a Deus e se levantando contra a Sua Aliança e contra o Seu tão fiel e bendito governo sobre eles, pelo qual teriam a Sua bênção e proteção para sempre. Está claro que o povo teve plena liberdade de escolha para obedecer ou desobedecer os mandamentos do Senhor, e aqui escolheram desobedecer. A fé é o principal e vem primeiro, mas se não houvesse livre-arbítrio, Deus não poderia ser justificado, exaltado e glorificado por todos aqueles a quem ele Criou, e lhes deu vontade própria, o fôlego de vida, e o poder de pensar, de julgar e de interpretar livremente.

Seguimos adiante:

"Desde então começou Jesus a pregar, e a dizer: Arrependei-vos, porque é chegado o reino dos céus." (Mateus 4:17)

Vemos aqui, já com Jesus, o nosso Senhor, Messias e executor da Obra Final da Salvação para todos os que creem, e a vinda do Reino Interno de Deus, vemos o início do Seu ministério terreno, no qual começou a pregar, com poder e sinais, sendo Ele o Filho de Deus, manifestando o poder de Deus e exortando a todos para que se arrependessem. Assim, no Novo Testamento, os desígnios da fé e do livre-arbítrio permanecem. Jesus não estava violando e nunca violou a fé e o livre direito de escolha, mas antes, anunciou o Evangelho e lutou com o coração do homem, exortando-os para que cressem no testemunho e na verdade de Deus, pela fé através dEle, e pela fé se arrependessem dos seus pecados, exercendo livre-arbítrio, se convertessem dos seus pecados e fossem salvos. E seguimos, finalmente, dentre muitos outros versículos que poderiam ser citados, com Colossenses 1:21-23:

"A vós também, que noutro tempo éreis estranhos, e inimigos no entendimento pelas vossas obras más, agora contudo vos reconciliou No corpo da sua carne, pela morte, para perante ele vos apresentar santos, e irrepreensíveis, e inculpáveis, Se, na verdade, permanecerdes fundados e firmes na fé, e não vos moverdes da esperança do evangelho que tendes ouvido, o qual foi pregado a toda criatura que há debaixo do céu, e do qual eu, Paulo, estou feito ministro." (Colossenses 1:21-23)

Vemos aqui o apóstolo Paulo discorrendo sobre a graça salvadora de Deus, que Ele manifestou em Jesus Cristo, nosso Senhor, entregando o Seu Filho amado, inocente, justo e santo, para morrer pelos nossos pecados e trazer para o mundo a possibilidade de salvação e redenção para todos aqueles que

através da fé crerem no Seu Nome e no Seu incontestável testemunho do Reino, do poder e da bendita vontade do Eterno, Magnífico e Sempre Todo-Poderoso Deus, nosso Pai. O renascimento espiritual, a vida e a salvação de Deus, que está em Cristo, foram dados para os santos, para todos os que o recebem pela fé, mas novamente ali está escrito: *"Se, na verdade, permanecerdes fundados e firmes na fé"*, demonstrando claramente que de forma terminante, a fé e o livre-arbítrio não são, e nunca serão desrespeitados no coração do homem, mesmo daqueles que creram em Deus e foram salvos. É necessário para os salvos perseverarem fiéis e permanecerem firmes na fé até o fim, até que vençam e até que concluam cada um as suas carreiras no Combate da Fé, confirmando a salvação, glorificando o Nome de Deus e obtendo vitória final na Terra antes de serem elevados para o centro do Reino Celestial e Glória da Eternidade de Deus, onde aguardarão a volta de Cristo, a gloriosa ressurreição e a vinda final do Reino de Deus em plenitude sobre o mundo.

Concluímos, assim, que, desde a queda de Adão, Deus contende com o homem para que este se arrependa e seja salvo, que existe a fé, que é o principal de tudo, e que traz a salvação, e que somente debaixo da fé pode existir e ser exercido o livre-arbítrio, o qual Deus não viola, nem tira o seu direito. Não obstante de tudo, primeiro vem a Fé, que é maior e que é a essência de tudo, pela qual os homens, desde sempre, são justificados e salvos segundo o eterno propósito que Deus planejou para o mundo, para todos os que o recebem com um coração disposto e livre para o servirem e o adorarem, através de Jesus, em espírito e em verdade, obedecendo a Sua Palavra e andando nos Seus caminhos, em amor, com perseverança e submissão aos Seus mandamentos, que conduzem para a vida, buscando a Sua vontade, que deseja que todos os homens pratiquem a justiça e sejam salvos, para a elevação e realização espiritual plena, no Reino Interno de Deus, que presentemente já está nos corações habitados pelo Espírito Santo, onde há justiça, paz e salvação que duram para sempre.

4. A Perpetuidade e Indivisibilidade do Reino de Deus

"Quão grandes são os seus sinais, e quão poderosas as suas maravilhas! O seu reino é um reino sempiterno, e o seu domínio de geração em geração." (Daniel 4:3)

O Reino de Deus é um reino uníssono, integral e singular, centralizado, uniexistente e que não pode ser dividido. O Reino de Deus, que procede dos céus e que é desde a eternidade, no princípio existia na Terra através de Adão, antes da queda. Quando Adão desobedeceu a Deus e deixou o pecado entrar no mundo, o Reino de Deus foi tirado dele, e a morte e o império das trevas entraram no mundo. Seguiu-se um tempo de testes e provas para a humanidade, regida somente pela consciência. Como o mundo daquele estágio fracassou, com uma corrupção total e insuportável dos homens, exceto de um só que permaneceu temendo a Deus, Noé, então veio o primeiro grande juízo de Deus sobre o mundo, o dilúvio, que matou a toda carne, a todo ser que respira debaixo dos céus, permanecendo somente Noé, com a sua família e os seres naturais que entraram na arca.

Noé se tornou um precursor e princípio de uma continuidade do Reino de Deus na Terra, mas ainda não de uma forma mais específica. Com Noé se estabeleceu o estágio do Governo humano sobre a Terra, um primeiro estado de instituição de autoridade e de lei sobre o mundo. Por exemplo, não ficaria mais impune o crime do homicídio, mas quem tirasse a vida do homem, pelo homem a sua vida seria tirada. Entre muitas situações, o homem tentou se ajuntar totalmente num só reino e lugar da Terra, no acontecimento da Torre de Babel, instituindo um governo mundial central e rebelde contra Deus, e desafiando o mandamento de Deus para o homem de se multiplicar e encher toda a Terra, para que somente Deus, que tem poder, governasse de fato o mundo. Deus interveio, confundindo a língua de todos, de maneira que todos se espalharam por sobre a Terra.

O Reino de Deus começou a ser implantado de uma forma mais decisiva novamente na Terra através de Abraão. Deus se revelou a Abraão como o Deus Todo-Poderoso, e lhe deu uma aliança de fé, prosperidade e de futura salvação. Através da Aliança com Abraão, Deus prometeu que lhe daria uma descendência muito numerosa, extraordinária e bendita, através da qual todas as famílias da terra seriam também benditas, e através do descendente escolhido, que seria Cristo, seria realizada a salvação do mundo, a salvação de Israel e de todos os povos da Terra entre os que creem no Nome de Deus. A Aliança de Abraão foi confirmada para sempre quando este provou a sua fé pela completa obediência à vontade de Deus, prefigurando também que através da fé seriam justificados todos os que creem.

O Reino de Deus então prosseguiu o seu estabelecimento, estando dentro de Israel, os descendentes de Abraão. Quando o povo de Israel se multiplicou, servindo aos egípcios, e quando o tempo da sua libertação e instituição como nação chegou, Deus interveio novamente, enviando a Moisés, com autoridade, sinais e maravilhas, pela mão de Deus, que feriu a terra do Egito e os libertou, com grandes milagres, das mãos de Faraó. O povo de Israel andou pelo deserto quarenta anos, onde Deus instituiu com eles a Aliança da Lei, ou Aliança Mosaica, dando-lhes, através da obediência aos Seus mandamentos, a promessa de que Ele seria o Seu Deus e eles o seu povo particular, escolhido e separado entre todas as nações. Este foi mais um ponto do plano do estabelecimento do Reino de Deus. E Israel, depois de receber grandes disciplinas e juízos, entrou em batalha na terra prometida de Canaã, expulsando e destruindo os povos que pelas suas persistentes más obras, foram desapossados de suas habitações, e Israel tomou posse da terra que fora dada a Abraão por juramento e promessa. Seguiu-se o estágio da existência de Israel como povo e nação instituída. O Reino de Deus estava presente e operando dentro de Israel, mas ainda não era a sua plenitude.

Após muitos acontecimentos, de estágios cíclicos de desobediências e arrependimento, onde Deus executava juízos, disciplinas e intervenções de libertação para tratar o coração do povo, então se instituiu o tempo da monarquia, onde existiram os reis de Israel. Após a desobediência de Saul e a sua expulsão, Deus escolheu a Davi, que era segundo o Seu coração, para governar o seu povo. Foi com este que Deus estabeleceu uma importante aliança de fidelidade, de reinado perpétuo e de paz. Apesar de suas fraquezas e momentos de pecado, Davi era um homem que cria e confiava completamente em Deus, confessando o Seu Nome, e sempre se humilhando e se arrependendo, de maneira que este agradou a Deus, e alcançou bom testemunho, a ponto de Deus lhe dar também a promessa que de um dos seus descendentes seria levantado o Cristo, o salvador de Israel e do mundo. A Aliança de Deus com Davi foi também um importante ponto no plano do estabelecimento do Reino de Deus sobre o mundo.

Seguiu-se o tempo da monarquia em Israel, onde como antes houve períodos alternados de obediência e desobediência, tempos de arrependimento, mas também tempos de idolatria. Após muitas intervenções e paciências de Deus, perdoando-os por muitas vezes, e exortando para que o povo se arrependesse, e não havendo respostas, nem conversão, mas persistindo o pecado, o derramamento de sangue e a idolatria, Deus então entregou Israel e Judá para um juízo e disciplina mais decisivos, permitindo que reinos estrangeiros os vencessem, invadissem e destruíssem a sua terra, levando o povo escolhido em cativeiro para terras distantes. Porém a desobediência de Israel já havia sido prevista, e o plano do estabelecimento do Reino de Deus continuou progredindo e avançando. Após suportar o cativeiro, Israel foi brandamente restabelecido novamente à sua terra, embora debaixo do império de outros reinos, como o da Pérsia, onde houve a reconstrução da cidade de Jerusalém e do segundo Templo.

Houve então tempos de sucessivas tentativas de restabelecer o reino independente novamente, onde por fim os judeus foram subjugados e subordinados pelo grande império Romano. Depois do profeta Malaquias, houve um período de silêncio da Palavra de Deus, de cerca de quatrocentos anos, até que finalmente chegou a plenitude dos tempos do mundo, o tempo da vinda do Escolhido, o Filho de Deus e Messias prometido desde antes da fundação do mundo, a Jesus, que nasceu de Deus como o Novo Adão da raça humana, santo, incorruptível, inocente e sem pecado, filho de Davi, segundo as Escrituras, ainda que gerado pelo Espírito Santo, pelo qual Deus traria a salvação para Israel e para o mundo, e o pleno estabelecimento do Seu Reino Celestial no mundo, embora primeiro na dimensão interior dos corações do mundo entre todos os que creem no Seu Nome.

Jesus nasceu como homem, gerado de Deus, santo e sem pecado, sendo Ele Integralmente Deus e Integralmente Homem. Ele nasceu, cresceu, se desenvolveu, se submeteu a todas as implicações humanas a que todos nós também estamos sujeitos, exceto o pecado. Ele se submeteu aos pais, às autoridades civis, à Palavra de Deus e a dependência do poder do Espírito Santo. Ele cumpriu todas as coisas, sofrendo por nós todas as dores e tentações em que todos nós também estamos sujeitos, mas Ele, pela fé e obediência a Deus, à tudo venceu. Ele pregou o Evangelho, trouxe libertação aos cativos espirituais, luz aos que estavam nas trevas, curou os enfermos, estendeu as mãos aos desprezados e perdidos e pregou as boas novas aos pobres. Ele manifestou o poder de Deus, pregou e deu testemunho da verdade para todos, como o Supremo Embaixador do Reino de Deus na Terra. E tendo vivido a única Vida Perfeita, Santa e Justa que era possível entre os homens, tendo sido aprovado por Deus e vencido todas as provas da humanidade, entregou-se a si mesmo como oferta e sacrifício a Deus como expiação e satisfação do Juízo e da Justiça Divina, para que houvesse a possibilidade de perdão para os pecados de todo o mundo, entre todos aqueles que receberem o Seu Testemunho do Poder, da Vontade e da Verdade de Deus através da Fé. E porque o Seu sacrifício e a Sua vida justa, no Seu sangue inocente, agradou e satisfez a Justiça de Deus,

trazendo perdão e redenção para todos os que creem, e porque Ele venceu todo o poder do pecado e das trevas, Deus o ressuscitou glorificado e em vitória, ao terceiro dia, para a completa salvação e justificação de todos aqueles que creem no Evangelho da Verdade.

Em Jesus, o Reino de Deus foi integralmente, e permanentemente estabelecido sobre a Terra, muito embora que ele foi instituído nas dimensões interiores da existência da Terra, dentro dos corações dos salvos, e não começou com visível aparência. O Reino de Deus então foi temporariamente tirado de Israel, que havia caído em incredulidade e desobediência, e então foi entregue à Igreja de Cristo, todos aqueles que recebem a salvação, nEle, através da fé no Seu Nome, e são renascidos e regenerados em espírito para uma nova vida incorruptível, que agora nasce primeiro do espírito, através da fé na Palavra de Deus.

O Reino de Deus agora está na Igreja de Jesus Cristo, o qual é o Cabeça e Senhor da mesma, o qual recebeu, da parte de Deus, todo o poder sobre os céus e a Terra, sobre os quais já reina, aguardando que todos os Seus inimigos sejam posto por estrado dos Seus pés, até o tempo do fim. O Reino de Deus, que está centralizado nos céus, é uníssono e não pode ser dividido, agora está dentro da Igreja de Jesus, Igreja que não está em templos, nem em nomes terrenos, mas que está nos corações habitados pelo Reino e Espírito de Deus, entre os que creram no Evangelho e foram salvos e renascidos em espírito para uma nova vida incorruptível pelo arrependimento dos pecados e através da fé. O Reino de Deus, neste estágio presente em que vivemos, desde a ascensão de Cristo, e até a Sua eminente volta visível, está estabelecido dentro da Igreja, e o Poder, a Presença, o Trono do Domínio, a Palavra e as Promessas de Deus estão entre eles, entre os que são renascidos pela fé e estão debaixo da autoridade e senhorio de Jesus, que é o Senhor de todos, mesmo sobre este mundo caído e sobre aqueles que ainda permanecem rebeldes a Deus nas trevas e na incredulidade, embora estes estejam em condenação e não poderão ser salvos, se não se arrependerem dos seus pecados em tempo para crer na verdade, e se permanecerem na incredulidade até o fim. Aqueles que permanecerem no reino das trevas, que é sustentado pela incredulidade e pecado, não participarão da salvação, da redenção e da bênção do Reino de Deus, mas estarão no caminho do Juízo Eterno e Destruição.

O Reino de Deus, no plano da eternidade, já teve sucesso e foi estabelecido na Terra, através da vida e obra de Jesus, e nada mais poderá impedir que a Sua completa manifestação apareça, inclusive no plano visível. O Reino de Deus está dentro da Igreja Verdadeira até a volta visível de Jesus, que se manifestará em poder e glória sobre as nuvens dos céus, aniquilando todo o resto de poder e de domínio do império das trevas que ainda resta sobre o mundo, trazendo de forma plena e absoluta o Domínio e Reino Eterno de Deus, que então será para todo o sempre, também sobre este mundo e sobre esta Terra em que estamos. Após a vinda vitoriosa de Cristo, então, Israel, finalmente se arrependerá e se converterá a Deus, crendo no Seu verdadeiro Messias, em Jesus, pois Deus não abandonou Israel, que foi reprovado apenas temporariamente, mas que continua sendo o Seu povo, que tem as promessas dos pais e as alianças eternas, inclusive a promessa da total redenção, restauração e libertação que, junto com a Igreja, durará para sempre. Foi através dos Judeus que a salvação foi trazida ao mundo. Eles são benditos e abençoados, guardados por Deus, muito embora tenham sofrido e sofram muitos juízos e disciplinas da parte de Deus para que se convertam, tenham o arrependimento e sejam aperfeiçoados para a completa salvação. Devemos prestar atenção que do mesmo modo em que Deus disciplina e disciplinava Israel, Ele também disciplina a Igreja, na qual no tempo presente está o Seu Reino, para que se converta do mal, do pecado, da idolatria e se voltem para o caminho da fé, da submissão e obediência à Ele.

Após a vinda de Cristo, que será vencedora, com poder e glória, então Israel e a Igreja serão unidos em um só Reino, e os dois povos se farão como se fosse um e serão os dois, juntamente e sem separação alguma, os portadores do Reino de Deus sobre a Terra, que então será estabelecido em

totalidade e plenitude, em glória, onde todos os salvos, de todos os tempos, estarão corporalmente ressuscitados incorruptíveis e imortais, em plena esta dimensão visível, e o Israel de Deus, que são de fato um só povo, viverá e reinará glorioso e vitorioso, com Cristo, os mil anos de paz que será o Reino de Deus visível sobre a Terra, no fim dos quais haverá o juízo final e a ressurreição dos outros mortos, os que não foram salvos, que também ressuscitarão, mas para enfrentarem o juízo e a condenação final segundo as suas obras, e estes irão para o desprezo e juízo eterno. Mas os salvos, os que creram em Deus e em Seu Filho, contemplarão a destruição material desta Terra e deste Universo velho, contemplarão o nascimento de um novo Céu e uma Nova Terra, um novo universo, eterno, onde habitará a justiça. E todos os salvos, em eterna glória e vida viverão e reinarão com Deus e com Cristo para todo o sempre e eternamente, e o Senhor será o Seu Deus, e com eles habitará, e eles serão o Seu povo no Reino de Deus que já é desde a eternidade e que também para nós existirá e não terá fim, eternamente, pelos séculos dos séculos.

"Por esta razão, nós também, desde o dia em que o ouvimos, não cessamos de orar por vós." (Colossenses 1:9)

Pastor, você começa a eficiência e sucesso do teu pastorado com os joelhos no chão, clamor e muitas vezes lágrimas em prol daqueles que foram espiritualmente confiados em tuas mãos. Pastor que não se empenha na consagração, estudo da Palavra e oração pelo rebanho não está apto para servir no grande aprisco do Mestre Maior.

5. Transformados Vivos

"Não peço que os tires do mundo, mas que os livres do mal." (*João 17:15*)

Num sentido mais exato, não existe vida separada da espiritualidade, pois a própria espiritualidade é a vida e a própria vida é a espiritualidade. Aprendemos isto com Jesus. Ninguém pode viver em dois mundos ao mesmo tempo. O Evangelho não se vive no além ou em outra dimensão extraterrena, mas na vida mortal comum, no meio do mundo que as mãos tocam, entre as pessoas e no dia a dia. Você só tem uma vida, e é exatamente nesta vida, no hoje e no agora, que você vive o Evangelho e a espiritualidade. É no momento em que você acorda, na hora do café da manhã, quando cumprimenta o vizinho, quando está conversando com um amigo, é no caminho para o trabalho e durante a sua lida, é na luta diária pela vida, é na hora em que passeia descansando a mente, é na hora que sente o cheiro verde de uma planta, as luzes solares, sente o ar fresco e ouve os sons da natureza.

A espiritualidade é em todo o momento em que você está vivendo, e é ali que você deve praticar o Evangelho, é ali que você deve obedecer a Deus e pôr em prática a Sua Palavra. O Evangelho se vive e acontece em plena vida tangível, no aqui, no hoje, e não na morte, e muito menos em outra dimensão imaginária extraexistencial. O espírito e a matéria são no final intrinsecamente unidos e coexistentes como um todo, e não há separação entre eles, salvo em essência. O Evangelho se vive no hoje e no agora, no meio desta dimensão terrena onde todos correm na luta pela vida, onde respiramos ar e pegamos uma pedra nas mãos. O Evangelho é espiritual, mas ele acontece e se pratica no mundo tátil, experiencial, visível, onde apertamos as mãos das pessoas.

Não devemos amar o mundo, nem as más obras que nele existem, mas fomos transformados pela fé e renascidos da luz para, no entanto, vivermos ainda sobre o mundo. Embora não mais pertencemos ao mundo, ainda vivemos no mundo, e é nele que travaremos o bom combate da fé, onde deveremos pregar a Palavra de Deus, por palavra e exemplos, vencer a ação do mal e glorificar o Nome do Senhor pela prática da justiça nos caminhos da luz. É ainda neste tempo presente que devemos fazer a diferença entre os viventes como sal da terra e luz do mundo, e dar bom testemunho como embaixadores do Evangelho do Reino Celestial e do Poder de Deus. Seja santo e separado de todo mal como cidadão do Reino de Deus, renascido da luz, mas ainda não saia existencialmente do mundo, pois é vivendo humildemente entre as pessoas, muito embora que nos devidos limites e com sabedoria, que você poderá lhes mostrar a verdade do Evangelho, dar bom testemunho e lhes mostrar o poder da salvação que está em Jesus.
Coloque o teu coração no Reino de Deus, mas viva desde hoje, como cidadão dos céus. Seja santo e separado de todo pecado, verdadeiramente morto para o mundo e sua corrupção, mas ainda não se transforme num extraterreno, pois quem é nascido de Deus, renasceu interiormente para uma nova vida, a vida eterna já desde hoje presente, em espírito, para fazer diferença na terra, mas enquanto na terra, ainda continua sendo humano, mortal, necessitado de ar para respirar, participante da cooperação universal humana no trabalho, participando da ordem divina global para o trabalho terreno, não se alienando da sociedade civil e seus deveres, da convivência fraternal e da luta comum da humanidade pela vida, perseverando na prática da oração, estudo das Escrituras e das boas obras, até cumprir a carreira da fé, alcançando bom testemunho diante de Deus e dos homens, pela confirmação da fé, para a elevação existencial e entrada permanente no Reino Eterno de Deus.

6. Preço Inalcançável

"Porque o salário do pecado é a morte, mas o dom gratuito de Deus é a vida eterna, por Cristo Jesus nosso Senhor." (Romanos 6:23)

Você não compra, e não pode comprar a salvação. Ela é um dom gratuito de Deus, conquistada pela vida e obra de Jesus na cruz. Tudo o que nos resta é crer humildemente no Filho de Deus e receber a sua vida, a sua justiça e o seu sacrifício perfeito para nos salvar através da fé. Pare de se desesperar e de sofrer tentando ser justo com os teus próprios méritos. Apenas creia na verdade, obedecendo a Palavra de Deus, vivendo uma vida de obediência, porque não temos justiça própria nenhuma, que vem de nós mesmos, para apresentarmos diante de Deus. Confie no mérito e na vida perfeita de Jesus, pois somente Ele foi justo e perfeito entre os homens, e também é somente através dEle que todos somos justificados e salvos, por causa do Seu sacrifício imaculado na cruz para nos perdoar dos nossos pecados e por causa da Sua vida de justiça e obediência que foi aceitável a Deus.

Querido irmão(ã), Jesus te libertou para que você tenha vida! Esta verdade nunca será mudada! Continue resistindo na fé, continue andando na Palavra que Deus no tempo perfeito irá te dar a mais completa realização e vitória em toda a tua vida. Passe firme, glorificando a Deus e cantando por este pequeno deserto de treinamento e aperfeiçoamento na fé, que além e muito próximo está a Conquista da Vitória de Deus nesta tua batalha.

7. Eternamente o Único Deus

"Porque assim diz o SENHOR que tem criado os céus, o Deus que formou a terra, e a fez; ele a confirmou, não a criou vazia, mas a formou para que fosse habitada: Eu sou o SENHOR e não há outro." (Isaías 45:18)

O Senhor é o Único Deus, e Ele também não deixa de ser o Supremo Deus mesmo deste mundo temporário. Nada pertence ao Inimigo exceto a mentira. Tudo pertence ao Senhor, o Rei dos Céus, o bem e o mal, a vida e a morte, este mundo caído e os mundos superiores. Não significa que devemos amar esta vida passageira e colocar o nosso coração num mundo que está destinado ao fogo, e muito menos que devemos amar o mundo, mas que devemos colocar o nosso coração no Reino de Deus que dentro de nós já está presente e que também há de vir em plenitude. No entanto, apesar de esta vida ser apenas um teste de fé e uma prova para a eternidade, Deus continua sendo eternamente Deus, mesmo nesta Terra, e Ele estará sempre pronto a nos ajudar, a nos socorrer e nos dar vitória em todas as nossas tribulações que passamos aqui. Apesar de que o Reino das Trevas domina o mundo dos incrédulos, Deus continua sendo o Único Deus sobre tudo eternamente, até sobre este mundo caído. Só o Senhor é Deus, ontem, hoje e eternamente, e Ele pode nos ajudar perfeitamente e nos fazer vencedores, em Cristo Jesus, desde hoje neste grande batismo de fogo para o futuro da verdadeira vida de glória eterna e imortalidade nos novos Céus e na nova Terra que espera aqueles que creem na verdade.

"E disse: Ó SENHOR Deus de Israel, não há Deus como tu, em cima nos céus nem em baixo na terra; que guardas a aliança e a beneficência a teus servos que andam com todo o seu coração diante de ti." (1 Reis 8:23)

8. O Verdadeiro Sucesso

"E procureis viver quietos, e tratar dos vossos próprios negócios, e trabalhar com vossas próprias mãos, como já vo-lo temos mandado;"
(1 Tessalonicenses 4:11)

"Pois a nossa pátria está nos céus, de onde também aguardamos o Salvador, o Senhor Jesus Cristo,"
(Filipenses 3:20)

Quem é que crê que o Reino de Deus virá? Irmão(ã), a Palavra de Deus não proíbe você de ser uma pessoa bem-sucedida. Longe disto! Mas haja atenção no tipo de sucesso que você está buscando. Você não pode buscar o sucesso segundo os padrões deste mundo passageiro e desta vida perecível, vida esta que somente é um batismo de fogo e uma prova de fé. O verdadeiro sucesso é alcançar bom testemunho de vida pela prática da justiça, obediência e fé na verdade diante de Deus. Você quer ser um cidadão e um profissional de sucesso? Pois nada te impede disso. Mas é exatamente onde você estiver que você tem que dar bom testemunho como um cidadão dos céus nascido de Deus, praticando a Verdade. Estude, trabalhe, cresça e participe da sociedade civil, pois também é vivendo que você poderá pregar o Evangelho, mostrar a diferença entre a luz e as trevas, entre os que servem a Deus e os que não servem. Todavia, não ame o mundo, nem as coisas que nele estão. Você é um cidadão dos céus, você foi liberto da potestade das trevas e transportado para o Reino de Deus. Você vive no mundo, mas você não pertence ao mundo. O mundo jaz no maligno. Você tem que viver a nova vida de Jesus e o Reino de Deus, que já está dentro de você, ainda em vida. Você vive no mundo, mas você tem uma vida diferente, você não é um morto espiritual, você é um ressuscitado da morte espiritual, recebeu a verdadeira vida e faz parte do Reino de Deus. Por

isto você tem que dar bom testemunho, o testemunho da salvação e da vida eterna de quem foi espiritualmente ressuscitado em Cristo.

O Reino de Deus está dentro de você e você tem que viver este reino desde hoje, ainda em vida, viver uma vida espiritualmente vitoriosa e cheia da plenitude da graça e do poder da glória de Deus. Você tem que viver, sim, mas como um ressuscitado espiritual que tem uma nova vida, gerado em Cristo, liberto do pecado para vencer o mundo e não para amá-lo. Seja um vencedor em todas as áreas da tua vida, mas coloque o teu coração no Reino de Deus e na Vida Eterna, que muito em breve virá, viva obedecendo a Palavra de Deus, sendo sal da terra e luz do mundo, levando o Evangelho aos perdidos, principalmente através de exemplos de obediência, supere as provas de fé com paciência como bom cristão, pagando o mal com o bem, sendo misericordioso e amando a todas as pessoas, pagando o ódio e a perseguição com orações e perdoando as ofensas dos homens, sempre que possível, como bom discípulo de Cristo, sabendo que naturalmente o mundo odeia quem é nascido da luz. Você foi salvo por Cristo e ressuscitado em espírito para a Vida Eterna. Viva e seja um vencedor, mas como cidadão dos céus diga adeus ainda em vida para as glórias e prazeres deste tempo presente. Manifeste a verdade do Evangelho, promova o Reino de Deus e faça a diferença neste mundo de ódio e trevas que já foi derrotado e em breve há de passar como fumaça, pois muito em breve Jesus voltará para Reinar para sempre entre os salvos.

Se você é livre neste país e desfruta de privilégios como direito de expressão, direito de pensamento e liberdade para cultuar a Deus, agradeça de joelhos, e sempre! Há muitos cristãos no mundo para os quais o martírio é a única porta para a liberdade!

9. Os Sete Atributos do Caráter de Deus

"Então conheçamos, e prossigamos em conhecer ao SENHOR; a sua saída, como a alva, é certa; e ele a nós virá como a chuva, como chuva serôdia que rega a terra." (Oséias 6:3)

Deus é o Eterno e Supremo Criador de todas as coisas, as quais pela sua vontade existem, vem e vieram a existir. Contudo, Ele é Transcendente à Sua própria criação, a Sua própria existência é um mistério inalcançável e Ele é o detentor de toda a força, poder e sabedoria acima de tudo o que se possa supor. Por isto, a própria existência de tudo é um grande mistério, e a criação existe em mistério, de maneira que ninguém pode conhecer a verdade, e ninguém pode conhecer a Deus, a não ser pela revelação do próprio Deus na Sua Palavra. E como Deus é maravilhoso, e como Ele é bom, aprouve à Sua bendita vontade se revelar ao homem e trazer para este a Sua salvação. Desde o princípio, o Senhor vem trazendo a revelação da verdade, e a revelação de Si mesmo para o homem através dos Seus grandiosos atos de justiça e de salvação através dos tempos. Deus é sobremaneira maravilhoso, grandíssimo e todo-poderoso, perfeito em sabedoria e poderoso em obras, e aprouve à Sua vontade se revelar ao homem, e Ele deseja que este o conheça e aprenda as Suas leis, os seus caminhos e a Sua vontade.

O Senhor é o Deus Único e Verdadeiro, um Deus de poder, de justiça e santidade, e Ele se revelou a Si mesmo através dos séculos na extensão de toda a Sua Palavra Autorizada e Revelada, O Livro Santo que é a Bíblia Completa. É necessário para o homem conhecer a Deus, e tudo o que precisamos saber sobre o Eterno está revelado para nós em toda a amplitude da Sua bendita Palavra.

Dentro deste conhecimento, vamos discorrer sobre os sete atributos espirituais de Deus, as virtudes magníficas do caráter do Todo-Poderoso que Ele manifesta em todos os Seus atos grandiosos de poder e intervenção soberana através do percurso dos tempos existenciais da Criação. Ele é o Todo-Poderoso e Eterno Deus Criador do universo e de todas as dimensões, invisível, inalcançável, incorruptível, imortal, que habita na eternidade e na luz inacessível, o único que existe acima de todo ser e existir, fonte de toda a existência cuja própria existência é inalcançável, doador da vida de toda criatura que sente, pensa e respira, que governa todos os reinos existenciais e superexistenciais que estão dentro do tempo e do ultra-tempo, do espaço e ultra-espaço, fonte e detentor de toda força e poder que há na criação. Sendo Ele o Supremo Governante e Sustentador de todos, Deus e Pai de nosso Senhor e Salvador Jesus, o Filho Unigênito da Sua Imagem e Glória.

Para começarmos a conhecer a Deus, é necessário conhecermos o Seu caráter, a Sua essência moral, as virtudes espirituais que o definem. Em toda a Bíblia, está revelado o poder e o caráter de Deus como o Supremo Criador, Provedor da Vida e Salvador de todos. Ele se revela de forma mais pessoal a Abraão como o Deus Todo-Poderoso, e de forma mais contundente a Moisés como o Grande Eu Sou o que Sou, Aquele que É o que Ele É e está em tudo. Sendo Ele o Todo-Poderoso, Onisciente, Onipotente e Onipresente, Ele também revela os Seus atributos espirituais através dos tempos na Sua Palavra, e devemos conhecer os principais dentre todos eles. Lembrando que o Amor de Deus é o Seu Dom Supremo e a essência do Seu próprio Ser, e está acima de todos estes atributos aqui mencionados, assim como a Luz é mais do que um atributo, mas um domínio de poder que também define o próprio Deus. Lembrando que estes atributos não são absolutamente todos, mas foram escolhidos sete dentre os que mais se destacam nas Escrituras:

1. INTEGRIDADE

"Pois o SENHOR vosso Deus é o Deus dos deuses, e o Senhor dos senhores, o Deus grande, poderoso e terrível, que não faz acepção de pessoas, nem aceita recompensas;" (Deuteronômio 10:17)

Dentre os muitos atributos espirituais de Deus, um deles é que Ele é Íntegro, Ele é incorruptível e imutável. Ele não pode torcer a verdade, a justiça e o juízo. Ele não aceita suborno, nem presentes, nem faz comércio, nem favorece a ninguém nos seus julgamentos. Ele é Isento e Imparcial. O Seu peso na balança é um peso de uma só unidade. Ele não pode praticar a perversidade, nem a injustiça, nem diferenciar pessoas nos seus julgamentos. Ele não pode negociar os Seus juízos, nem as Suas leis, nem a Sua justiça. Ele é perfeito e não pode ser dividido. Ele não pode se corromper. Ele é Íntegro.

2. RETIDÃO

"Bom e reto é o SENHOR; por isso ensinará o caminho aos pecadores." (Salmos 25:8)

Um segundo atributo espiritual de Deus é que Ele é Reto. Ele é a verdade, conhece a perfeita verdade e julga tudo com perfeita justiça. Ele é de um só pensamento, de um só juízo e de uma só verdade. Ele é direito. Ele tem um só norte e um só peso. Nele não há duas palavras, e nenhuma sombra de variação. Todos os seus pensamentos e desígnios são perfeitamente definidos e determinados. Todos os Seus caminhos são altíssimos e muito bem projetados. Ele não pode errar, nem falhar, e nem se enganar. A Sua ciência é perfeita, absoluta, e muito bem determinada. As Suas razões são simétricas. Tudo o que Ele faz, num plano maior, segue

num só sentido e numa só direção comum e universal. Nele há harmonia e concordância. Todos os seus cálculos são coincidentes, exatos e bem definidos. Ele não distorce e nem falsifica as Suas leis. Ele é determinado, constante e imutável. Ele é Reto.

3. FIDELIDADE

"Saberás, pois, que o SENHOR teu Deus, ele é Deus, o Deus fiel, que guarda a aliança e a misericórdia até mil gerações aos que o amam e guardam os seus mandamentos." (Deuteronômio 7:9)

Um terceiro atributo do caráter de Deus é que Ele é Fiel. Ele cumpre tudo aquilo que Ele promete. Ele é Deus de uma só Palavra, e Ele vela sobre a Sua Palavra, para a cumprir. A Palavra que sair da Sua boca não tornará para Ele vazia, sem cumprir tudo o que Ele determinou. Ele é um Deus que não pode mentir. Ele é leal, sacrificioso, abnegado, altruísta e perfeito em paciência. Ele é firme, imutável e infalível. Tudo o que Ele fala Ele cumpre, tanto as promessas de salvação quanto as promessas de juízo. Ele é digno de fé e permanece até o fim em tudo aquilo que Ele fala. Ele não pode trair, nem se acovardar, nem ser derrotado ou vencido. Ele tem todo o poder nos céus e na terra, e nada pode impedir a Sua mão quando está agindo. Tudo o que Ele fala, e tudo o que está na Sua Palavra, Ele cumpre. Para Ele tudo é possível, Ele tudo pode fazer, nenhum dos Seus planos pode ser impedido e nenhuma das Suas promessas falhará. Ele não pode ser derrotado, nem enganado, e não se desfará da Sua Palavra. Ele é Imutável, e não deixará de ser quem Ele é eternamente. Ele é Fiel.

4. VERDADE

"Mas o SENHOR Deus é a verdade; ele mesmo é o Deus vivo e o Rei eterno; ao seu furor treme a terra, e as nações não podem suportar a sua indignação." (Jeremias 10:10)

Um quarto atributo do caráter de Deus é que Ele é Verdadeiro. E mais do que isto, Ele é a própria verdade. Ele ao mesmo tempo tanto é Verdadeiro quanto Ele mesmo é a própria Verdade. Ninguém pode encontrar a Verdade, senão em Deus. E sendo Ele mesmo a própria Verdade, tudo o que Ele faz, e tudo o que está em Seu caráter é verdadeiro. Você pode confiar em Deus, pois Ele é a suprema realidade, a suprema racionalidade, inteligência, poder, força, sabedoria, conhecimento, ciência, razão e verdade. Ele é a realidade de todas as realidades, tudo existe dentro dEle, Ele dá a existência a tudo e nada existe sem Ele. A verdade é tudo o que existe, e nada existe além da verdade, pois tudo o que for além da verdade, é a mentira que simplesmente não existe. Deus é a verdade, e ao mesmo tempo também é o próprio Pai da Verdade. Ele criou a verdade dentro dEle, porque Ele é a própria Verdade. Se todos nós existimos, é porque fazemos parte da verdade, e estamos dentro da verdade, embora nem todos pratiquem a verdade. Deus não pode mentir, nem faltar com a verdade. Para Ele tudo é possível, exceto mentir e praticar a injustiça. Tudo o que Ele fala, e tudo o que está escrito na Sua Palavra é a Verdade Imutável que não pode falhar. A Verdade é um domínio eterno, indivisível e indestrutível. A verdade nasceu antes da eternidade, sempre existiu e nunca jamais deixará de existir. A Verdade não pode ser vencida, e nunca jamais o poderá ser. A Verdade é o domínio divino maior que está acima de tudo, como se fosse a mão direita de Deus. Jesus, o Filho de Deus, chama-se a si mesmo como sendo Ele a própria Verdade (João 14:6). Deus é Fiel e Verdadeiro, e tudo o que Ele faz é com Fidelidade e com Verdade. Ele é Verdadeiro.

5. BONDADE

"Pois tu, Senhor, és bom, e pronto a perdoar, e abundante em benignidade para todos os que te invocam." (Salmos 86:5)

Um quinto atributo de Deus é que Ele é Bom. Ele é benigno e misericordioso para com todos os que o buscam. Em toda a situação que for possível, o Seu prazer é nos fazer bem, ver a nossa felicidade e nos abençoar. Ele faz tudo o que é possível para que as Suas criaturas pratiquem a justiça, andem no caminho da verdade e sejam salvas. Ele é capaz mesmo até de sofrer, para não traspassar a Sua própria justiça, para poder fazer o bem para todos quantos for possível. Ele é tão bom e cheio de amor que entregou o Seu Filho Unigênito, a Jesus, para morrer pelos pecados do mundo, por causa da Sua justa justiça, e nos trazer a salvação. A Sua bondade é tão grande que abraça a todas as criaturas dos céus e dura para sempre, pois não tem fim. O desejo do coração de Deus não é castigar as Suas criaturas, mas que estas encontrem o caminho da fé e da justiça para que Ele possa lhes fazer todo o bem mais do que imaginável possível que possa existir para sempre. As suas criaturas têm o livre-arbítrio, por isto nem todas podem ser contempladas pela Sua bondade, pois Ele também é justo e não violentará o direito de escolha de cada um. Ele é tão bom que respeita o livre-arbítrio, e envia os pecadores que não se arrependem para o lugar cabível que cada um deles escolheu por sua própria vontade. Ele não pode mudar. A essência da Sua natureza é cheia de bondade, porque Ele é bom, cheio de graça e misericórdia para com todos os que invocam o Seu Nome e nEle esperam. Ele deseja o bem para todos e sente prazer em fazer o bem, e faz tudo visando o bem para cada um no maior de todos os limites possíveis. Ele não deseja o mal para ninguém, nem pode praticar a impiedade, nem a tirania, nem a perversidade. Ele é Bom.

6. JUSTIÇA

"Porque o SENHOR é justo, e ama a justiça; o seu rosto olha para os retos." (Salmos 11:7)

Um sexto atributo de Deus é que Ele é Justo. Ele é o detentor de todo o poder e de toda a glória, e julga a tudo e a todos conforme a mais absoluta verdade. Ele não faz acepção de pessoas, nem aceita ouro nem prata em troca de favores. Ele não perverte o direito nem a equidade nos Seus julgamentos. Ele não é cego, Ele vê tudo, até o interior do coração, com a mais absoluta visão. Ninguém o pode enganar, Ele é Onisciente e Sábio. Ninguém o pode vencer, Ele é Onipotente, e o Dono de todo o Poder. Ninguém pode escapar das Suas mãos, nem nos céus, nem na Terra nem debaixo da Terra, e Ele faz tudo o que Ele quer, porque é perfeito em sabedoria, em visão e porque é justo. Ele não deixa o ímpio sem castigo, e nem o justo sem recompensa, ainda que pareça tardio, mas infalível e rápido é em recompensar a cada um segundo as Suas obras. Ele julga nos Céus e na Terra, ainda que seja paciente, e o Seu galardão está com Ele na Sua mão direita para muito cedo retribuir e dar o devido salário a cada um segundo o fruto das suas ações. Ele julga com verdade e justiça. Ele não perverte o direito, mas enxerga absolutamente tudo e contempla a cada um segundo a reta justiça. Ele é Justo.

7. SANTIDADE

"E ser-me-eis santos, porque eu, o SENHOR, sou santo, e vos separei dos povos, para serdes meus." (Levítico 20:26)

Um sétimo atributo de Deus é que Ele é Santo. Este parece ser o maior e mais enfatizado dos atributos do caráter de Deus nas Escrituras. Ele é Santo, infinitamente Santo, absolutamente separado de todo pecado, de toda maldade, perversidade, mentira e iniquidade que possam existir. Ele não pode ser atingido pelo mal, e nem vencido, e nem enganado para que possa praticar a injustiça. Ele jamais deixará de ser e estar separado e infinitamente acima de todo o mal que possa existir. Ele é o Altíssimo, Ele é Incorruptível, Perfeito, Justo, Puro e Santo, e não pode ser alcançado pela perversidade nem sujeira de qualquer criatura que possa existir. Ele deu o livre-arbítrio para as Suas criaturas, pois Ele não pode ser justificado, nem amado, nem obedecido e nem adorado a não ser por livre, alegre, grata e decidida vontade daqueles a quem Ele criou. Uma das maiores formas de enaltecer a Grandeza de Deus e a Sua Glória é declarar e dar louvores à Sua Suprema Santidade. Ninguém pode declarar a santidade de Deus senão pelo Espírito Santo. A suprema santidade é o maior atributo que diferencia a Deus das Suas criaturas, mesmo que todos também devem ser santos entre aqueles que lhe pertencem. Ele é o Santo dos Santos, o Altíssimo Onipotente, e ninguém é tão puro e perfeito quanto Ele. A Palavra de Deus diz que Ele é tão puro que nem os céus são puros aos Seus olhos, e Ele é tão santo que até nos Seus anjos Ele encontra imperfeições. O julgamento final dos pecadores que desprezarem a bondade de Deus, demonstrada em Jesus, e que não aceitarem a Sua salvação, este julgamento será medido pela justiça e santidade incorruptível de Deus, pois terão desprezado o sacrifício do Filho de Deus, e para eles não haverá mais oportunidade de arrependimento, como ainda existe hoje. Então vejam quão terrível será o juízo e o destino daqueles que odeiam a verdade, e permanecem incrédulos mesmo depois de o Filho de Deus ter morrido numa cruz pelos pecados deles. Deus não pode permitir que o pecado fique impune exatamente porque Ele é um Deus Santo, e não pode admitir o mal no Seu Reino Bendito, não pode admitir o pecado, a sujeira e a depravação. Foi por isto que Jesus teve que vir ao mundo e morrer pelos nossos pecados, para que a justa justiça provinda do juízo de Deus, que é Santo, fosse satisfeita pelo Seu sacrifício inocente e isento de pecado, e assim alcançássemos uma nova oportunidade de arrependimento, pela fé na Sua Palavra, para o perdão dos nossos pecados, cometidos contra um Deus infinitamente Fiel, Justo e Santo, e para que fôssemos, através dEle, perdoados e salvos. Deus é o único digno de ser adorado, nos céus e na terra, justamente por causa da Sua Suprema Santidade. Este é o atributo que faz com que os anjos, querubins e serafins o louvem e o adorem incessantemente nos céus eternos, e os homens na terra, e todo enxame de criaturas nos universos superiores e dimensões além. Deus é glorificado em santidade, e isto é algo que somente Ele tem. A Sua pureza e a Sua santidade emanam uma graça, uma glória, uma alegria, uma satisfação e uma vida infinita, que é mais desejável do que tudo o que possa existir. Ele é inalcançável, grandioso, magnífico, majestoso, maravilhoso e glorioso acima de tudo o que se possa pensar. E tudo isto Ele emana por causa da Sua Magnífica e Incomparável Santidade, e ninguém há que possa se comparar a Ele, nem ao esplendor da Sua Glória e Grandeza, que são desde antes da eternidade e que duram para sempre, iluminando e enchendo de alegria toda a inimaginável extensão do Reino da Criação, que canta alegremente a Sua Graça e Bondade, em louvor a Sua Glória e Santidade Sublime. Ele está eterna e absolutamente separado, transcendente e elevado acima de tudo o que existe, separado de todo mal, de tudo o que se entende e de tudo o que é. Ele é Maravilhoso. Ele é Santo.

CONCLUSÃO

Assim, amados irmãos e irmãs, estes são alguns dos atributos do caráter de Deus, que podemos compreender através do estudo e meditação na Sua Palavra, que nos traz vida e salvação, e conhecer melhor quem Ele É, de acordo com as Escrituras. Estes atributos revelam em parte como é o Seu caráter. E *"como está escrito: As coisas que o olho não viu, e o ouvido não ouviu, E não subiram ao coração do homem, São as que Deus preparou para os que o amam." (1 Coríntios 2:9)* e também não está em nosso próprio poder *"alcançar os caminhos de Deus, ou chegar à perfeição do Todo-Poderoso." (Jó 11:7)*. E finalmente,

> *"Com ele está a sabedoria e a força; conselho e entendimento tem. Eis que ele derruba, e ninguém há que edifique; prende um homem, e ninguém há que o solte. Eis que ele retém as águas, e elas secam; e solta-as, e elas transtornam a terra. Com ele está a força e a sabedoria; seu é o que erra e o que o faz errar. Aos conselheiros leva despojados, e aos juízes faz desvairar. Solta a autoridade dos reis, e ata o cinto aos seus lombos. Aos sacerdotes leva despojados, aos poderosos transtorna. Aos acreditados tira a fala, e tira o entendimento aos anciãos. Derrama desprezo sobre os príncipes, e afrouxa o cinto dos fortes. Das trevas descobre coisas profundas, e traz à luz a sombra da morte. Multiplica as nações e as faz perecer; dispersa as nações, e de novo as reconduz. Tira o entendimento aos chefes dos povos da terra, e os faz vaguear pelos desertos, sem caminho." (Jó 12:13-24)*

10. Combatendo pela Obediência

"Porque não temos que lutar contra a carne e o sangue, mas, sim, contra os principados, contra as potestades, contra os príncipes das trevas deste século, contra as hostes espirituais da maldade, nos lugares celestiais." (Efésios 6:12)

"Milita a boa milícia da fé, toma posse da vida eterna, para a qual também foste chamado, tendo já feito boa confissão diante de muitas testemunhas."
(1 Timóteo 6:12)

Querido irmão(ã), há uma luta espiritual para nós a ser travada, que é contra forças espirituais nas regiões celestiais, mas esta luta acontece somente no campo da fé e da obediência. Definitivamente você não precisa lutar diretamente contra o Diabo e seus demônios para vencer na fé, os poderosíssimos exércitos dos anjos de Deus já estão entre nós para isto, e somente eles são competentes para tal coisa. A batalha que lutamos é o Bom Combate da Fé. Quando você crê e obedece aos mandamentos de Deus que estão na Sua Palavra, você está lutando a verdadeira batalha espiritual e derrotando os poderes das trevas. *"Melhor é obedecer do que sacrificar"*, dizem as Escrituras. Ao mesmo tempo em que está escrito que *"a nossa luta não é contra a carne e o sangue, mas contra poderes espirituais"*, também está escrito *"milita o Bom Combate da Fé"*, ou seja, você vence os demônios não quando fica em estado de super-humanidade infinita, jejuando cem dias, gritando contra o Diabo e sem tocar o dedo nem em um ovo frito, muito embora que o jejum seja útil, mas você vence os poderes das trevas quando você crê e obedece tudo aquilo que Deus nos ordena na Sua Palavra, inclusive o mandamento de

andarmos unidos na fé, amando-nos uns aos outros, sendo servos e não senhores uns dos outros, sem contendas, ciúmes e disputas entre os eleitos de Deus, mantendo-nos submissos a Jesus, tendo o Senhor como o nosso Cabeça e Sumo Líder, andando em novidade de vida e vivendo em verdadeira santidade como aqueles que foram ressuscitados em espírito e transportados do poder do pecado para o Reino de Deus. Se precisar expulsar os demônios e ordenar curas para as pessoas, isto é feito usando a autoridade do Nome de Jesus na operação do poder do Espírito Santo. Mas basta para nós crer e obedecer tudo o que o Senhor nos manda fazer na Sua Palavra, perseverando na obediência, vigiando e orando em todo tempo e sendo submissos à Sua vontade.

A leitura, meditação e prática das Escrituras fortalecem e desenvolvem o espírito, a oração ativa a intervenção sobrenatural dos Céus, e juntamente com estes, a adoração de um coração quebrantado atrai a presença da glória do Todo-Poderoso. Para quem é o trono do teu coração, para você mesmo ou para Jesus?

11. Ele Venceu para Sempre

"E, visto como os filhos participam da carne e do sangue, também ele participou das mesmas coisas, para que pela morte aniquilasse o que tinha o império da morte, isto é, o diabo;" (Hebreus 2:14)

"E, despojando os principados e potestades, os expôs publicamente e deles triunfou em si mesmo." (Colossenses 2:15)

Para quem crê no Evangelho há salvação, para quem não crê não há esperança. Este mundo havia caído no pecado e nas mãos do Inimigo da Verdade, mas Deus amou o mundo enviou o Seu Filho Unigênito para redimir o homem do verdadeiro mal que condenava este à destruição, o pecado. Jesus, ao vir ao mundo, cumpriu toda a Palavra e a Lei de Deus, integralmente. Ele veio ao mundo como homem, totalmente sem pecado, viveu a vida mais justa e perfeita que jamais poderá existir, deu testemunho da verdade e da vontade de Deus para todos, manifestando publicamente a presença da eternidade em pleno meio dos homens. E tendo cumprido todas as coisas, se ofereceu a si mesmo como sacrifício a Deus para que fosse possível o perdão para os pecados de todo o mundo, e a salvação para todos os que cressem no Seu Incontestável Testemunho dos Desígnios do Eterno Criador, e de tudo o que estava no Coração deste.

E porque Ele consumou todas as coisas, permanecendo obediente até a morte, e morte de cruz, pelo derramamento do Seu sangue inocente pagou a dívida dos pecados do mundo e tirou para sempre o direito que o Inimigo tinha sobre todos os homens, e conquistando a salvação para aqueles que aceitarão o Seu Testemunho e a Sua obra de salvação na cruz.

O Senhor, sendo totalmente inocente, justo e santo, totalmente sem pecado, mesmo assim sofreu, na cruz, por causa dos nossos pecados, o mais tenebroso juízo que já se viu no universo e jamais se verá igual, e mesmo assim sofrendo, permaneceu submisso, obediente e fiel até a morte, sem revidar um único ataque vindo dos pecados dos homens até o fim, até pagar completamente a terrível dívida da humanidade para com Deus, que por causa de nós, que éramos os verdadeiros culpados, teve que aplicar a Sua Justa Justiça contra o Seu Inocente Filho.

Jesus cumpriu tudo, a dívida do mundo foi paga, e todo aquele que crer nEle já está justificado e perdoado, e será salvo para sempre da Ira Vindoura e do Juízo Eterno que cairá sobre todos os que permanecerem incrédulos, não crendo na verdade e insistirem amando a mentira. Ali Jesus trouxe para sempre à luz a verdade e a vontade de Deus, que deu tudo o que Ele tinha por amor de nós. Não há mais desculpas para os desprezadores de Deus e incrédulos, que desprezarem este tão imenso ato de misericórdia e salvação da parte dEle. Ali Jesus cumpriu toda a vontade de Deus e derrotou todos os poderes das trevas que nos prendiam e nos escravizavam sob o jugo da morte por causa da dívida dos nossos pecados. Ele venceu porque Ele foi fiel e submisso a Deus até o fim, até pagar o último pecado de todo o mundo no sofrimento da Sua alma inocente e no moer do Seu corpo santo.

A verdade que tudo isto nos deixa evidente é que o Senhor cumpriu todas as coisas e venceu todo o mal por nós ali naquela prova de obediência eterna, morrendo pelos nossos pecados. E porque Ele venceu, ressuscitou vitorioso e em glória ao terceiro dia, pela destra de Deus, para a nossa justificação. Por causa da obediência do Senhor, o pecado e os poderes das trevas foram derrotados para sempre, e perderam todo o direito que tinham sobre a humanidade.

O fato é que Jesus pagou a dívida de todos os homens do mundo e venceu o Inimigo para sempre (1 João 2:2), conquistando legitimamente o direito para ser constituído por Deus como Juiz dos vivos e dos mortos, pois nem todos serão salvos, mas somente aqueles que aceitarem a Sua Palavra pela fé, por causa da justiça. Jesus já venceu e derrotou o Inimigo para sempre, na dimensão do tempo e da eternidade, e isto é tudo! Não há mais volta para o Inimigo, não há mais recursos, não há mais possibilidades e não há mais chance nenhuma para ele para sempre! Jesus já deu fim no Acusador para sempre! É isto o que aconteceu, e é isto o que nos diz a Palavra de Deus. O Inimigo só teve permissão de continuar agindo, agora, mesmo depois de totalmente derrotado, por causa da prova universal da fé que está se operando no mundo.

A única luta que agora resta é a luta da fé, o combate da fé através da obediência à Palavra de Deus, que provará quem crê na vitória do Senhor, que é a verdade, e quem não crê. O Inimigo não pode fazer mais nada contra os homens, a não ser lutar para tirar a fé deles, e isto é tudo o que ele tem permissão para fazer e está tentando fazer no mundo, para levar os incrédulos à destruição. Tudo o que você precisa fazer agora é crer no Filho de Deus e obedecer a Palavra da Verdade, que por Ele nos foi dada. Quando você confessa a vitória de Jesus na cruz, que esmagou a cabeça do Diabo e tirou dele até o poder de existir por si mesmo, quando você crê nesta vitória pela fé, você também passa a ser participante de tudo aquilo que o Senhor fez por você, e você é perdoado, salvo, redimido e recebe o Dom da Vida Eterna.

Você vai passar por provas de fé e por tribulações, sim, porque você está no caminho da justiça num mundo ainda dominado pelas trevas, por causa da prova universal da fé, e você terá que perseverar na fé até o fim, mas acontece que agora, a vitória do crente fiel já está garantida por Jesus, se você perseverar na fé, e as promessas de Deus são infalíveis.

Em Jesus, agora você foi feito mais do que vencedor pela fé na Sua Palavra, que é viva e eficaz para trazer o poder e a vitória de Deus sobre você em todos os teus caminhos desde hoje e para sempre! Agora você foi ressuscitado dos mortos em espírito e tem a Vida Eterna. Agora você tem verdadeira vida e pode andar no caminho da luz na presença de Deus pela fé. Não estou dizendo que você já é perfeito nem que nunca mais possa pecar, mas que você tem um novo espírito e uma nova natureza espiritual que te libertou do pecado e te conduzirá no caminho da justiça.

Mantenha a fé e a confissão da verdade. Permaneça em obediência e persevere na batalha da fé como um nascido de Deus em espírito, como um ressuscitado da morte espiritual, como um cidadão do Reino dos Céus e filho da luz. A recompensa de Deus virá sobre você. O tempo de todas as Suas grandes promessas sempre chegará para os que forem pacientes e permanecerem fiéis na obediência à Sua Palavra. A vitória de Jesus já foi dada para você, apenas creia e obedeça para ser participante do Reino de Deus, que já está presente entre os que creem, e para ser vencedor.

Não viva triste, nem infeliz, o Filho de Deus morreu pelos teus pecados e venceu a morte por você. Se você aceitar o amor de Deus através dEle, você está perdoado e tornado inocente, pelo Seu sangue, desde hoje e para sempre.

12. O Juízo Eterno

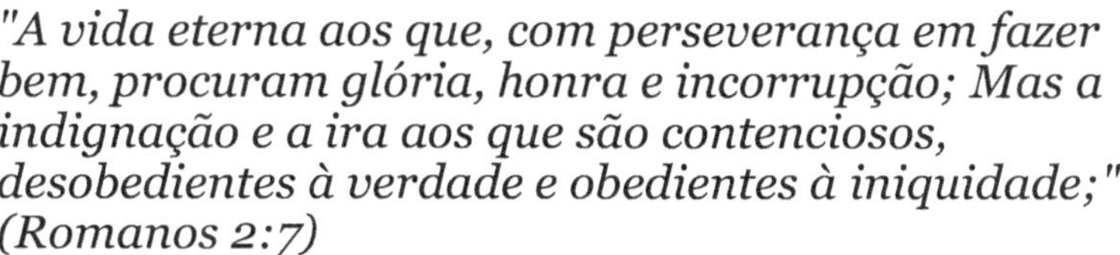

"A vida eterna aos que, com perseverança em fazer bem, procuram glória, honra e incorrupção; Mas a indignação e a ira aos que são contenciosos, desobedientes à verdade e obedientes à iniquidade;" (Romanos 2:7)

"E o diabo, que os enganava, foi lançado no lago de fogo e enxofre, onde está a besta e o falso profeta; e de dia e de noite serão atormentados para todo o sempre." (Apocalipse 20:10)

O Juízo Eterno é algo verdadeiramente terrível, que realmente durará para todo o sempre. O Senhor Jesus nos disse que no fim do mundo haverá o Juízo Final, onde os que praticam a iniquidade irão para o fogo eterno, que foi preparado para o Diabo e seus anjos. O Inimigo e seus anjos, e todos aqueles que os seguirem, os homens que não se arrependerem em tempo aceitável, desafiaram explicitamente o próprio Deus e a glória do Seu poder, e por não terem se arrependido, mesmo depois do sacrifício perfeito e da morte de Jesus para os salvar, sofrerão o desprezo, vergonha e tormento eterno de fogo, que, enquanto os próprios céus eternos existirem, durará para todo o sempre eternamente. Não haverá salvação nunca mais para aqueles que odiaram a verdade e desprezaram o Filho de Deus, para todos aqueles que julgaram o próximo sem misericórdia, e destruíram e mataram pessoas sem piedade. Jamais haverá perdão novamente para estes, pelos séculos dos séculos, pois para sempre amaram as trevas, a mentira e a violência. No grande dia final estes serão julgados, segundo as suas obras, e será plenamente exposta a sua crueldade, o seu desprezo e impiedade sobre os humildes, sobre o próximo, e sobre os pobres e sacrificados do mundo, levantando o dedo contra o Céu e desafiando o Supremo Dominador. Depois do Grande

Dia do Juízo, nunca mais haverá salvação para os que desprezaram o eterno amor e o tão grandioso ato de misericórdia e salvação que Deus providenciou, através do Seu Filho, para todos os que tão somente olharem para Ele, com arrependimento, durante um mínimo instante de suas vidas, e crerem no Seu Nome. O Apóstolo Paulo chama este juízo de Eterna Perdição, onde os incrédulos escarnecedores, juntamente com os dominadores das trevas, sofrerão a segunda morte, e estarão para sempre banidos da Face do Senhor, do Seu Reino e da Sua Glória.

Mas bem-aventurados aqueles que ouvirem o Evangelho de Jesus Cristo e se converterem dos seus pecados ainda em vida, crendo no poder de Deus e se sujeitando ao Seu Reino, pois assim como o juízo dos ímpios será eterno, a salvação dos que se arrependerem do mal e crerem em Cristo muito mais durará para todo o sempre e eternamente, no infindável Reino de Salvação, Luz, Poder e Glória do Todo-Poderoso e Sempre Eterno Pai, pois o Filho de Deus, pelos crentes, venceu todo o poder do mal que nos aprisionava, vivendo a suprema vida santa, justa e perfeita que foi aceitável diante de Deus, sendo Ele Deus tornado homem, morrendo pelos nossos pecados, para que tivéssemos uma nova possibilidade de arrependimento e completo perdão, no seu sangue. Deus quer a salvação de todos. A Bíblia nos diz que Deus não tem prazer na morte do ímpio, que Ele amou o mundo com amor eterno, enviando o Seu Filho Unigênito para salvar os que olham para a Luz, e pelo Seu Espírito luta com o coração de todos os homens para que estes abram os olhos para a verdade, se desviem dos maus caminhos, se arrependam, pratiquem a justiça e sejam salvos para serem vencedores desde hoje, e para no futuro alcançarem a vitoriosa ressurreição da glória dos filhos de Deus para a infindável vida eterna na ocasião da vinda final do Reino de Deus, que já venceu e muito em breve há de se manifestar em plenitude também sobre a Terra. Que a Paz e o Entendimento da Luz seja com os irmãos.

13. Coluna e Defesa da Verdade

"Mas, se tardar, para que saibas como convém andar na casa de Deus, que é a igreja do Deus vivo, a coluna e firmeza da verdade." (1 Timóteo 3:15)

Irmãos, ninguém tem poder de mudar o coração humano senão Deus. Mas é necessário dizer uma coisa: Se o mundo vai de mal a pior, cada vez mais submerso nas trevas da corrupção e do pecado, a Igreja tem grande responsabilidade por isto, pois ela é a extensão viva do Reino de Deus, a coluna e defesa da verdade na Terra. Se a Igreja de Cristo, que não está em templos, mas em corações transformados pela fé, se a Igreja não se levantar como a primeira a se arrepender do pecado e se converter, e se ela não se levantar em humilhação, em oração e clamor a Deus pela salvação das almas e transformação do mundo, nenhuma outra instituição terrena poderá levar o Evangelho do Reino de Deus e a Sua luz aos homens, para refrear o mal do pecado, da decadência espiritual e perdição entre as nações. A Igreja Verdadeira é a atual portadora do Reino de Deus na Terra. Se a Igreja não tiver o Poder de Deus e o Verdadeiro Evangelho, e se não levar a Palavra da Salvação ao mundo, terá o seu candelabro tirado dela, as almas vão se perdendo e o mundo mergulhando em incredulidade. A Igreja tem que se humilhar e se converter a Deus, com grande clamor e lágrimas, buscando o Espírito Santo, e tem que se levantar em oração, lutando não contra homens, mas pelo testemunho e pregação da verdade, para que o Evangelho alcance as nações e o Reino de Deus avance tomando os poderes e tronos espirituais para a honra e glória do Nome do Senhor entre os povos.

14. Cidadãos de Cima, Cidadãos de Baixo

"Sujeitai-vos, pois, a toda a ordenação humana por amor do Senhor; quer ao rei, como superior; Quer aos governadores, como por ele enviados para castigo dos malfeitores, e para louvor dos que fazem o bem. "
(1 Pedro 2:13)

"Mas a nossa cidade está nos céus, de onde também esperamos o Salvador, o Senhor Jesus Cristo,"
(Filipenses 3:20)

A Palavra de Deus nos diz para não amarmos o mundo, nem as coisas más que nele existem. Todavia, não devemos nos alienar existencialmente da sociedade civil, pois Jesus recebeu da parte de Deus todo o poder nos céus e na terra, e devemos discernir corretamente este aparente paradoxo. Devemos viver como santos, renascidos da luz e separados de todo pecado, mas também devemos participar da luta comum da sociedade civil pela vida, como o trabalho, a fraternidade humana, o aprendizado institucional e a obediência às leis e às autoridades constituídas, com sabedoria. Este é um entendimento que está nas Escrituras e que deve ser corretamente interpretado, para que não caiamos em nenhum dos dois extremos. Somos nascidos de Deus, salvos e transformados pela fé, somos cidadãos dos céus, Igreja de Cristo e participantes do Reino de Deus, o qual vivemos dentro de nós e aguardamos em plenitude na ocasião da sua vinda e manifestação visível. Nós fomos comprados para Deus e não pertencemos mais a este mundo, não podemos mais amar o mundo e suas sujeiras, nos guardando de todo pecado, e nos guardando de participar das obras malignas que nele se praticam, mas, ao mesmo tempo, ainda não podemos nos alienar existencialmente da face da Terra, mas devemos ser embaixadores do Reino de Deus entre os homens, fazendo a diferença, pregando o Evangelho, glorificando a Deus pelo bom testemunho das nossas ações, sendo sal da terra e luz do mundo. Assim, sendo cidadãos do Reino Superior de Deus, também devemos ser bons cidadãos civis, mesmo quando perseguidos ou maltratados, praticando o bem, trabalhando honestamente, dando bons exemplos, sendo úteis, amando e ajudando o próximo e cumprindo os deveres cívicos, pagando os tributos, respeitando a lei e a ordem, respeitando a todas as pessoas indiscriminadamente, e nos sujeitando com sabedoria aos governos superiores, que são as autoridades constituídas, pois elas são ministros de Deus para o bem dos que se conduzem honradamente, pois todo o poder e autoridade, acima de tudo, está nas mãos de Jesus, que reina soberano desde os céus intercedendo diante de Deus à favor de todos os que andam na luz e obedecem ao Evangelho.

"NÃO julgueis, para que não sejais julgados. Porque com o juízo com que julgardes sereis julgados, e com a medida com que tiverdes medido vos hão de medir a vós. E por que reparas tu no argueiro que está no olho do teu irmão, e não vês a trave que está no teu olho? Ou como dirás a teu irmão: Deixa-me tirar o argueiro do teu olho, estando uma trave no teu? Hipócrita, tira primeiro a trave do teu olho, e então cuidarás em tirar o argueiro do olho do teu irmão." (Mateus 7:1-5)

15. Humildade e Prudência

"Importa, porém, caminhar hoje, amanhã, e no dia seguinte, para que não suceda que morra um profeta fora de Jerusalém." (Lucas 13:33)

Deus nos deu a promessa da redenção, da futura ressurreição e da vida eterna para todos os que receberem pela fé o testemunho do Seu Filho, de Jesus, que nos trouxe a revelação da verdade e da vontade de Deus, que nos ama e nos salva, através dEle. Porém é necessário respeitarmos o nosso tempo probatório na Terra, andando no Temor de Deus, com humildade e na obediência no tempo da nossa carreira passageira onde deveremos dar testemunho da salvação e vencermos o Bom Combate da Fé, pela submissão e obediência a Deus e à Sua Palavra. Não devemos nos portar como os indivíduos exaltados e prepotentes, insubmissos às autoridades e às leis de Deus, que se portam com tamanha insolência e desrespeito, como se já estivessem acima até mesmo da própria morte. Quem crê em Jesus recebeu o Dom da Vida Eterna, não entrará em condenação e já passou da morte para a vida, e não precisa mais viver debaixo do medo da morte e do juízo futuro, pois recebeu o testemunho do Filho de Deus e renasceu em espírito para uma nova vida incorruptível. Porém é necessário respeitar o nosso tempo probatório de evidente mortalidade, pois a ressurreição, que primeiro se manifestou em Cristo, ainda não está realizada para todos, mas é uma promessa para um muito breve futuro para aqueles que receberem o Evangelho e permanecerem fiéis na esperança da fé até o fim. Prestem atenção, irmãos, a Palavra de Deus nos diz que o Temor de Deus e a Justiça livram da morte, mas nem mesmo Jesus, antes da Sua glorificação, se dava por imortal.

"Os quais se desviaram da verdade, dizendo que a ressurreição era já feita, e perverteram a fé de alguns." (2 Timóteo 2:18)

16. Vivos com Cristo

"E, quando vós estáveis mortos nos pecados, e na incircuncisão da vossa carne, vos vivificou juntamente com ele, perdoando-vos todas as ofensas," (Colossenses 2:13)

O mundo é um grande teatro, onde até os mínimos pensamentos de todos os homens são mortalmente controlados e determinados pelo poder do mal. Quem não nasceu de novo está morto, diz a Palavra de Deus, e nada senão o surgimento da verdadeira fé em você pode te trazer esperança. Por isto o Inimigo odeia tanto quem saiu da morte para a vida pela fé em Deus, é vivo de verdade e tem a verdadeira vida, que está em Jesus. O Inimigo já não tem poder sobre quem foi transportado das trevas para a luz, e da potestade do mal para o Reino de Deus, sobre quem agora está vivo, desde que permaneçamos firmes na fé até o fim.

Irmão, despreze totalmente os poderes, as glórias e prazeres enganadores deste mundo passageiro, todo este tumulto e este desespero é um grande teatro que volta sempre para o mesmo lugar. O ser humano só precisa do trabalho humilde e da vida simples. Todo o sistema de poder e glória deste mundo presente já está derrotado e no devido tempo vai ser derrubado até as profundezas da destruição, e *"a sua fumaça subirá para sempre"*, e somente Cristo Jesus é quem reinará para sempre também sobre a Terra, assim como reina nos Céus.

Viva o Reino de Deus e a vida eterna ainda em vida. Você nasceu de novo, você tem um novo espírito, você agora está vivo, *"criado em justiça e santidade provenientes de Deus"*. Você é um ressuscitado dos mortos em espírito, por causa do sangue de Jesus, que nos perdoa de todos os nossos pecados. Dentro de você agora existe vida, você tem a Cristo, você tem uma vida divina e a habitação de Deus dentro de você que é maior do que a própria morte, pois Deus, que habita em você, é maior do que tudo, e *"ainda que você morra você viverá para sempre"*. Tudo o que você precisa fazer é crer no Filho de Deus e ser transformado pelo seu poder de salvação e de restauração espiritual através da Fé na Sua Palavra Viva para uma nova vida incorruptível, de semente divina, vitoriosa e que durará desde hoje e para sempre.

Você quer ser cristão? Ser cristão significa dizer adeus ainda vivo a este mundo e passar a viver o Reino de Deus que está dentro do teu coração desde hoje! Você é de um outro mundo, o mundo celestial, desde agora, nascido de Deus com um novo espírito eterno, e viverá os teus dias na Terra dando testemunho da vida eterna e do poder salvador de Deus em Cristo Jesus e do Reino dos Céus, em unidade com os santos vencedores da luz, para a honra e glória do Nome do Senhor. Não se aflija por causa das glórias e prazeres enganosos deste mundo que passa, nós vivemos para glorificar o Nome de Deus e esperamos novos céus e nova Terra, aquilo que é eterno e que durará para sempre agora está desde o tempo presente dentro de você!

17. Quem é o Meu Próximo?

"E eis que se levantou um certo doutor da lei, tentando-o, e dizendo: Mestre, que farei para herdar a vida eterna? E ele lhe disse: Que está escrito na lei? Como lês? E, respondendo ele, disse: Amarás ao Senhor teu Deus de todo o teu coração, e de toda a tua alma, e de todas as tuas forças, e de todo o teu entendimento, e ao teu próximo como a ti mesmo. E disse-lhe: Respondeste bem; faze isso, e viverás. Ele, porém, querendo justificar-se a si mesmo, disse a Jesus: E quem é o meu próximo? E, respondendo Jesus, disse: Descia um homem de Jerusalém para Jericó, e caiu nas mãos dos salteadores, os quais o despojaram, e espancando-o, se retiraram, deixando-o meio morto. E, ocasionalmente descia pelo mesmo caminho certo sacerdote; e, vendo-o, passou de largo. E de igual modo também um levita, chegando àquele lugar, e, vendo-o, passou de largo. Mas um samaritano, que ia de viagem, chegou ao pé dele e, vendo-o, moveu-se de íntima compaixão; E, aproximando-se, atou-lhe as feridas, deitando-lhes azeite e vinho; e, pondo-o sobre a sua cavalgadura, levou-o para uma estalagem, e cuidou dele; E, partindo no outro dia, tirou dois dinheiros, e deu-os ao hospedeiro, e disse-lhe: Cuida dele; e tudo o que de mais gastares eu to pagarei quando voltar. Qual, pois, destes três te parece que foi o próximo daquele que caiu nas mãos dos salteadores? E ele disse: O que usou de misericórdia para com ele. Disse, pois, Jesus: Vai, e faze da mesma maneira." (Lucas 10:25-37)

18. Submissão e Obediência

"Eu, porém, vos digo: Amai a vossos inimigos, bendizei os que vos maldizem, fazei bem aos que vos odeiam, e orai pelos que vos maltratam e vos perseguem; para que sejais filhos do vosso Pai que está nos céus;" (Mateus 5:44)

Querido irmão e irmã, por que é tão difícil cumprir este mandamento? Se você não cumprir este mandamento, você não pode ser cristão, e nem filho de Deus! É fácil você tomar para você o rótulo de crente e filho de Deus, mas só o rótulo não serve para nada! Você tem que ter a vida transformada pela fé e pela prática vivencial da Palavra de Deus. Você tem que obedecer a todos os mandamentos de Jesus! A Salvação vem através da Fé quando alguém ouve a pregação do Evangelho, mas a transformação da tua vida só acontecerá através de um processo de Fé em uma caminhada contínua de submissão, obediência e prática diária da Palavra de Deus. A Fé te trará a Salvação, mas só praticando e obedecendo tudo o que está escrito você poderá experimentar a transformação da tua vida na Presença de Deus.

A Bíblia fala que existem vários estágios de crescimento na vida cristã. Paulo disse aos Coríntios que eles ainda eram meninos, porque viviam em contendas e ainda eram carnais. O autor aos Hebreus fala de alguns que ainda eram meninos, necessitados de leite e não de alimento sólido. Portanto, existe um crescimento na vida cristã, e várias fases de maturidade. Você precisa praticar a Palavra de Deus para crescer, passo a passo, em cada ato de obediência, em cada vez que você vai se arrependendo e abandonando todo tipo de pecado, todos os dias, para ir se desenvolvendo até alcançar a maturidade de um discípulo na plenitude de Cristo na tua vida.

Você precisa conhecer e praticar a todos os mandamentos do Senhor, o principal dentre os quais é para amarmos a Deus acima de todas as coisas, e o outro, semelhante, para amarmos uns aos outros, assim como Ele nos amou, e ao próximo, manifestando desta forma que a verdade está em nós, e que amamos a Deus, e somos Seus filhos, nascidos da Água e do Espírito e que temos a Vida Eterna. É somente obedecendo a todos os mandamentos do Senhor, amando aos nossos irmãos, e também o de fazer o bem e amar até aos nossos inimigos, que poderemos confirmar a verdade de que somos nascidos de Deus, temos nova vida e estamos debaixo do Seu Reino de Luz. E se devemos amar até os nossos inimigos, desejando que o amor e a salvação de Deus os alcance, quanto muito mais devemos amar aos nossos irmãos na fé, os quais são nascidos de Deus em Cristo. Se até aos nossos inimigos devemos o amor, quanto mais aos Eleitos de Deus na Fé que estão caminhando ao nosso lado, mantendo a unidade, o amor e a comunhão em um só corpo, em um só pensamento e em um só espírito na fé, pois devemos compreender que o Reino de Deus não é dividido, e nunca jamais o será. E se o Reino de Deus não pode ser dividido, de onde procederá senão do Maligno o ciúme, a disputa e a falta de amor dentro da Igreja dos salvos? Irmãos, que obedeçamos com a nossa vida e com prática os mandamentos do Senhor, os quais nos levarão sempre para o caminho da paz, da prosperidade e da vitória em tudo o que fizermos na nossa empenhada batalha da fé, pois se obedecermos teremos sempre a garantia de que em tudo o Senhor nos fará prosperar, e engano nenhum nos desviará da Sua Presença.

"O qual nos tirou da potestade das trevas, e nos transportou para o reino do Filho do seu amor;" (Colossenses 1:13)

Quem é de Deus está debaixo do Trono de Deus e do Seu Reino.

19. Pratiquemos o Amor de Fato

"Porque esta é a mensagem que ouvistes desde o princípio: que nos amemos uns aos outros." (1 João 3:11)

A caminhada da vida do cristão é uma caminhada da prática do amor, principalmente para com os nascidos de Deus. De nada adianta você fazer grandes coisas ou aparentar ser um grande vulto se você não amar aos irmãos e ao próximo. O amor é a Essência de Deus e o centro da Sua Natureza. Quem tem o amor tem a Deus, mas quem não ama jamais o viu, nem o conheceu. O amor é misericórdia, é paciência, é fé, é perdão e sacrifício. O amor não é o dedo de julgamento e acusação contra os irmãos, mas misericórdia e negação da própria razão em prol da razão Maior. Ninguém está isento de cometer erros e pecar enquanto ainda na Terra. O Cristianismo simplesmente não existe sem a prática da misericórdia e do perdão. Eu não estou dizendo para você aprovar o erro e ser conivente com as obras das trevas, mas para você praticar o perdão, com entendimento, sabendo que Cristo Jesus nosso Senhor é o único justo que já existiu no mundo, e só o Seu sangue nos purifica dos nossos pecados.

Amar é doar, é socorrer, é amparar aqueles que estão em dificuldades e tribulações. Amar não é condenar e terminar de matar os que estão no erro e nas trevas, mas ensinar com perdão e paciência o caminho correto. Os que estão caídos precisam de misericórdia, e não do dedo do julgamento. A Igreja dos nossos dias tem esquecido o maior de todos os mandamentos de Jesus para o Seu povo: *"Amai-vos uns aos outros, assim como eu vos amei." (João 13:34).* A Igreja que não pratica o amor simplesmente deixa de ser Igreja de Cristo, pois a fundação e a base da mesma está totalmente no amor.

O cristão que não pratica o amor jamais viu a Deus, mas é apenas um adepto de crenças que nunca nasceu de novo, e nem tem a vida de Jesus. A Igreja que não tem amor não tem poder, nem pode influenciar o mundo, nem pregar o Evangelho, pois *"Nisto todos conhecerão que sois meus discípulos, se vos amardes uns aos outros." (João 13:35)*. Porém se um irmão odeia ao outro irmão, e entre si fazem guerras e disputas carnais, ali é o Império da Morte que está dominando, e não o Reino de Deus. Porque onde há ódio e disputas, ali reina a destruição. A nossa vitória não vem pela prevalência da nossa razão, mas pela submissão à verdade. Se a Palavra de Deus nos diz que a nossa salvação e justiça provém unicamente de Jesus, logo, quando eu julgo e condeno a um irmão, estou julgando e condenando não ao homem, mas a Cristo. Se alguém comete um erro, um só é o Nosso Advogado e Juiz, Aquele que morreu e ressuscitou por nós, o único que pode salvar e fazer perecer. Se um irmão está sofrendo precisando do alimento e de providência para as suas necessidades, como habitará em mim o amor se eu não abrir o coração para socorrê-lo nas suas tribulações? Como direi que tenho amor se os meus olhos nem enxergam como irmãos aqueles que estão caminhando na fé ao meu lado? Ou se eu fizer discriminação e separação entre os nascidos de Deus, como estará em mim a verdade?

A existência da Igreja depende totalmente da sua unidade, e a unidade da Igreja sem a prática do amor é impossível. É meu dever estar em total unidade e paz com todos os santos de Deus, cujo justo e justificador é Cristo Jesus nosso Senhor, que nos comprou com a Sua vida perfeita, e preservar para com todos o vínculo da paz e da perfeição que é o amor. Somos todos um só corpo, e membros uns dos outros. Que seria do corpo se todos os membros não atuassem todos uns em favor dos outros? Que será da cabeça se os pés se recusarem a andar? Ou o que será das mãos se os olhos se recusarem a ver? Todos os membros precisam uns dos outros, e sem unidade não há a subsistência do corpo. Todo reino dividido contra si mesmo não subsistirá, disse o Senhor (Mateus 12:25).

A força da unidade da Igreja e o sentido da caminhada do cristão é o amor. Foi o amor que constrangeu a Deus, nosso Pai, a enviar o Seu Filho ao mundo para nos trazer de volta para Si. Foi o amor que levou Cristo Jesus a abdicar da Sua glória, nascer como homem entregar a Sua vida inocente pela salvação de todos os remidos. O amor é o coração da verdade. Quem não pratica o amor não está na verdade, e nem a contém. O amor é altruísta, e se importa com o bem do próximo, negando-se e se importando como por si mesmo em favor de todos os que estão em dificuldades. Não há lugar para o egoísmo e a autossuficiência no meio dos que confessam conhecer a Deus. Eu jamais aceitarei ter cinco pães se todos os meus irmãos tiverem cada um somente um. O amor não considera propriamente seu todos os bens que possui, mas tudo é tido em comum, tudo o que eu tenho pertence a todos os meus irmãos na fé, e se alguém necessitar de alguma coisa, eu não reterei em minhas mãos o que tenho para mim, pois o Maior bem que Deus, o possuidor dos céus possuía, o Seu Próprio Filho, foi dado sacrificialmente a mim em amor como Herança Eterna para a minha salvação e morada permanente no Seu Reino de Luz. Se o Tudo da Eternidade foi dado graciosamente para mim, como vou negar ao meu irmão bens materiais passageiros, os quais nem sequer me pertencem a mim de fato? E se um irmão estiver caído, porque eu irei julgá-lo para terminar de destruir aquele por quem Cristo morreu?

Irmãos, que pratiquemos o amor como cristãos e como Igreja, não só em palavras, mas de obras e de verdade de fato. Quem pratica o amor e ama ao seu irmão está na luz, já entrou para a verdadeira vida, e nele não há trevas nenhuma. Quem pratica o amor pratica a verdade, faz brilhar a verdadeira luz, e manifesta o desígnio maior e a vontade perfeita de Deus para o mundo.

A vida intensa e significativa só se revela ao vencer o fogo da travessia do vale das lágrimas. Se o fardo é pesado hoje, o esplendor da tua alegria será verdadeiro amanhã.

20. Se Entregando a Cristo

"Sendo justificados gratuitamente pela sua graça, pela redenção que há em Cristo Jesus." (Romanos 3:24)

"Tendo sido, pois, justificados pela fé, temos paz com Deus, por nosso Senhor Jesus Cristo;" (Romanos 5:1)

Ninguém compra a Salvação. Todos nós somos pecadores perdidos e incapazes de praticar a justiça. A Salvação vem somente pela vida perfeita e justiça de Jesus, o Único homem justo que já viveu entre nós e que cumpriu a absoluta Justiça de Deus para que por meio dEle sejamos justificados e salvos. Nós somos todos pecadores e não temos justiça nenhuma que possamos apresentar diante de Deus. Todo o mérito e justiça que nos traz a Salvação está somente no Filho de Deus, que viveu a única vida perfeita que era possível e sacrificialmente a entregou para a Salvação de todo aquele que crê no Evangelho. A Salvação não reclama nenhum mérito do homem, mas é baseada no Ato de Justiça perfeito que Jesus praticou ao entregar a Sua vida imaculada e derramar o Seu Sangue inocente para o perdão dos pecados do mundo. Ninguém pode comprar a Justificação que traz a Salvação. Ela é de um preço de juízo eterno e inalcançável, que foi pago por Jesus na Cruz em nosso lugar. Tudo o que nos resta é nos humilharmos na nossa miséria e morte espiritual para aceitarmos o Perdão, a Vida e a Justiça perfeita que Jesus viveu e entregou por nós para Deus. A Justificação é de Graça e pela Fé! Ela é ganha somente através da fé, independente da justiça de obras humanas que possam ser praticadas. A Salvação é somente pela justiça que vem da fé.

21. O Sacrifício Perfeito de Jesus

"Porque com uma só oblação aperfeiçoou para sempre os que são santificados." (Hebreus 10:14)

"Pois assim como por uma só ofensa veio o juízo sobre todos os homens para condenação, assim também por um só ato de justiça veio a graça sobre todos os homens para justificação de vida." (Romanos 5:18)

A Palavra de Deus nos diz que Adão, o primeiro homem, pecou à troco de nada (Romanos 5:19), mesmo estando num estado de vida, de felicidade e perfeição, sendo futuro herdeiro do universo, trazendo a corrupção, a condenação e a morte para todo o mundo, e que por causa dele também *"todos pecaram, e destituídos estão da glória de Deus." (Romanos 3:23)*, pois sendo ele o primeiro matriz da raça humana, transmitiu a corrupção para todos os seus descendentes. Apesar do homem ter caído, no princípio, Deus já havia projetado um plano de salvação para a raça humana desde antes da fundação do mundo, providenciando um substituto para pagar o terrível preço da transgressão do pecado. Está escrito que o salário do pecado é a morte (Romanos 6:23), e que *"sem derramamento de sangue não há remissão (perdão) de pecados." (Hebreus 9:22)*.

Desde as primeiras Alianças temporárias que Deus fez com o homem no decorrer das gerações para preceder a Sua grande Obra de Salvação, tudo sempre era validado com sangue, e que deveria ser o sangue de um ser inocente, imaculado e puro, como cordeiros e novilhos sem defeitos (Levítico 4:35), prenunciando o futuro sacrifício perfeito de Jesus, o Cordeiro Pascal de Deus que tirou o pecado do mundo (João 1:29). A Aliança Mosaica, que era temporária, começou o seu exercício com o derramamento do sangue de um cordeiro (Êxodo 12:23), que trouxe o livramento da morte para Israel, prefigurando a obra de Cristo, e demonstrando em figura que os pecados do mundo seriam perdoados através do derramamento do sangue de um inocente. Porém a Aliança da Lei era temporária, e o sangue dos animais dentro dela sacrificados não tinham poder de tirar de fato os pecados, mas somente de os perdoar por encobrimento até o tempo do Verdadeiro Sacrifício, pois está claro que até antes do nascimento de Cristo, as transgressões do Primeiro Testamento ainda estavam sem remissão (Hebreus 9:15). A eficácia dos sacrifícios do Antigo Testamento era somente para encobrimento de pecados, para que a Ira de Deus, que vem por Sua Reta Justiça, não os destruíssem de todo, de maneira que estes sacrifícios somente os poupavam tendo em vista a Obra de Cristo que viria, mas de maneira nenhuma podiam remir, de forma permanente, os seus pecados.

Depois do tempo da vigência da Lei, tendo sido manifesta a completa prova da Sua ineficácia, em si mesma, quanto à redenção do homem, quando chegou a plenitude dos tempos, Deus enviou o Seu Filho ao mundo, nascido de mulher, nascido debaixo da Lei, para que por meio dEle Ele trouxesse à luz a verdade à respeito da Sua Perfeita Justiça, e demonstrasse a todos os Desígnios que havia proposto em Seu Coração desde a eternidade para o mundo: O Seu Amor Imutável, A Sua Graça e Misericórdia que duram para sempre. Tendo Jesus nascido, sendo integralmente Deus, mas também integralmente homem, foi gerado santo, de semente divina e incorruptível para se tornar o Novo Adão e Novo Matriz da raça humana, que então seria nascida primeiramente do espírito e não de nascimento natural, e para ser o Instituidor de uma Nova Aliança entre Deus e o mundo, que seria a Aliança final da Salvação Eterna, que seria eficiente e perfeita para a salvação de todos aqueles que cressem.

Jesus, sendo Deus, e também sendo homem, se esvaziou de todos os Seus poderes divinos que eram legitimamente do seu direito, e mantendo apenas a Sua Identidade divina, mas sem poderes divinos, ficou como todos nós, embora sem pecado, se submetendo à total dependência de Deus e do Espírito Santo, se submeteu à todas as condições e implicações a que todos nós também estamos sujeitos, exceto o pecado: necessidade de alimentação, de hidratação, de respiração, de temperatura, de energia vital, à fragilidade do corpo físico, à fragilidade psíquica, emocional e moral, e aos sentimentos humanos. Ele Nasceu de uma mulher, se desenvolveu, cresceu, interagiu com as pessoas, sonhou, desejou, amou, sofreu, serviu ao próximo, obedeceu aos pais, obedeceu às autoridades civis, orou, ouviu a Palavra de Deus, se sujeitou à ordenança universal do trabalho, sentiu tristeza, sofreu com a escuridão, a rebeldia e o ódio nos corações do mundo, esteve sujeito à fome, sede, temperatura e esgotamento físico, foi separado, rejeitado, injuriado, blasfemado, zombado, cuspido, desprezado, discriminado e julgado por indigno. Todas as dores e tribulações que sofremos, Ele também sofreu, e ainda em maior medida do que nós! Ele não foi desleal, à todas as condições à que todos os homens estão sujeitos, Ele também se sujeitou, e em maior medida, exceto o pecado.

Tudo o que Ele manteve da Sua natureza divina foi a Sua Identidade, pois Ele não poderia deixar de ser quem Ele é eternamente. Ele não lançou mão de todos os Seus poderes ilimitados como coparticipante da divindade do Pai. Pelo contrário, ele se esvaziou de si mesmo e se tornou como qualquer um de nós, mesmo que santo e sem pecado, cheio de fraquezas, sujeito à tristezas, dores e limitações, Ele sofreu tudo o que qualquer ser humano sofre, em questão de experimentar sofrimentos, e ficou debaixo da completa dependência da graça, da orientação e intervenção de Deus. Ele era o Novo Adão que ressuscitaria e geraria de novo a raça humana, sendo duramente testado e provado em todo o tempo por causa da Justiça de Deus, à ponto de ter o próprio Diabo como perseguidor pessoal em cada um dos seus passos ao longo da Sua jornada. Se você pensa que você sofre, Ele sofreu tudo o que você está sofrendo, mesmo que tiver sido de alguma maneira diferente, e em muito maior medida.

Para Jesus não podiam haver falhas, Ele estava sendo julgado com o Juízo da Redenção. Ele não tinha outra saída a não ser a absoluta impecabilidade e perfeição. Para Ele tudo era difícil, tudo era dolorido, demorado para vir e cheio de sacrifícios. Mas Ele não voltou para trás, Ele nunca jamais desistiu de depender da Intervenção de Deus e da Sua Providência. Ele nunca jamais buscou a Sua própria vontade, mas sempre se sujeitou à vontade do Pai. Ele nunca falou nada de si mesmo, mas sempre transmitia tudo aquilo que o Pai lhe dizia. Ele, mesmo sendo Deus, o Deus Filho, se fez nada para Deus ser tudo nEle. Ele se esqueceu até do próprio Nome para que somente o Nome do Pai fosse nEle engrandecido. Não há nenhum registro, pelo menos nos Evangelhos, em que Ele mencionou o Seu próprio Nome durante toda a Sua vida probatória na Terra, pois somente depois da Sua ressurreição e de vencer tudo Ele fez isto (Atos 9:5).

Ele nunca se exaltou a si mesmo, mas sempre escolhia o sofrimento em prol da prevalência da justiça. Ele nunca era o primeiro, mas sempre o último e servo de todos. Jamais exerceu domínio político em toda a Sua missão na Terra, mas viveu como um carpinteiro e Pregoeiro da Justiça em toda a Sua Caminhada. Ele se fez fraco para que nós fôssemos fortes, Ele se fez triste para que nós fôssemos felizes, Ele se fez pobre para que por meio dEle todos nós fôssemos ricos de tesouros celestiais, Ele se fez desprezado para que nós fôssemos cheios de honra, se fez vergonha para que fôssemos glorificados e por fim, tendo vivido a vida mais perfeita que jamais poderá existir, inocente, perfeito, puro, justo e santo, e tendo cumprido o Seu Ministério, tendo pregado e dado Testemunho da Verdade, e de toda a Vontade Imutável de Deus, tendo sofrido e cumprido todas as coisas, tendo sem pecado se sujeitado a todas as implicações para a nossa redenção como pecadores, Ele se entregou a si mesmo para sofrer em nosso lugar a condenação dos nossos desprezíveis pecados. Ele, sendo justo e santo, se fez maldição para que nós fôssemos benditos, se fez sujo para que fôssemos santos, se fez injusto para que fôssemos justos, se fez iníquo para que fôssemos tementes a Deus, se fez condenado para que fôssemos inocentes, se fez morte para que tivéssemos vida e se fez nada para que fôssemos tudo. Tudo isto porque não os dele, mas os nossos pecados, naquele tenebroso momento de sacrifício, estavam sendo derramados sobre a alma inocente dEle, e imputados na conta da Sua vida perfeita, e as nossas imundas iniquidades jogadas dentro do Seu corpo santo. Ele estava sendo *"ferido por causa das nossas transgressões, e moído por causa das nossas iniquidades; o castigo que nos traz a paz estava sobre ele, e pelas suas pisaduras fomos sarados." (Isaías 53:5).*

Todo o tipo de dor, de angústia, de desprezo, de indignidade, de tormento, de tristeza, de solidão, de abandono, de injúria, de afronta de desprezo, de escárnio, de rejeição, de escuridão, de trevas, de pavor, de assombro, de temor e de ânsia de morte passou por cima e moeu a alma do Senhor durante todas aquelas horas de trevas e densa sombra de morte até o pagamento do último pecado de todos os homens, de todos os tempos do mundo, até verter a última gota do Seu inocente sangue, derramando até a última fonte da sua vida impecável. Ali, por nossa causa, Deus teve que tratar o Seu Filho como um miserável pecador, mesmo sendo inocente e santo, e por causa das nossas perversidades, ódios, desprezos, descrenças, rejeições à verdade, desvios, loucuras e assassínios, o Todo-Poderoso teve que aplicar no Seu Filho o Juízo decorrente da Sua Justa Justiça. Ali Jesus deixou de ser Ele Mesmo, e se tornou eu, e se tornou você! Ele sofreu o que eu e você deveríamos ter sofrido, o Juízo de Implicação Eterna e a Morte sem Fim. E como o tamanho dos nossos pecados é de um desprezo e uma perversidade infinita, cometidos contra um Deus infinitamente Justo e Santo, tudo o que nos caberia seria uma Morte sem Fim. E foi exatamente isto que Jesus sofreu na cruz por todos nós, e por todo o mundo, mesmo para aqueles que não aceitarão a salvação. E sofrendo tudo isto, em toda esta condição, Ele se manteve em obediência ao Pai, e foi Fiel até a Sua última gota de sangue. Ele não falhou! Ele pagou toda a nossa dívida e venceu! Venceu por mim, por você e por todo o mundo, para qualquer pessoa que quiser aceitar o Seu Sacrifício, feito na mais absoluta prova do Eterno e Imutável Amor de Deus.

Em Cristo, Deus deu a Sua mais absoluta e terminante prova de Amor pelo mundo. Não é que ainda vai dar esta prova, em Cristo, Ele já provou o Seu Amor para o mundo para sempre, diante de todos os exércitos de seres santos das miríades celestiais da eternidade. Jesus se submeteu à tudo o que Ele tinha que se submeter, e jamais cometeu pecado, absolutamente. A prova da cruz foi muito mais difícil do que todas as suas duras provas durante toda a sua vida, mais difícil do que a tenebrosa tentação do deserto. Ali na cruz o Diabo investiu todo o poder que dispunha para investir. O Inimigo lançou sobre o Senhor o mais mortal e maligno ataque que já vinha planejando e fortificando com todas as possibilidades dos poderes das trevas desde a fundação do mundo. Se nas duras provas que nós cristãos enfrentamos o Inimigo só tem permissão de investir uma pequena fração de todos os poderes que dispõe, ali na cruz, contra o Senhor, Ele teve permissão para investir tudo, todo o seu poder, para que a Justiça Perfeita de Deus fosse totalmente cumprida. Mas o Senhor permaneceu fiel. Se o Senhor, como o Filho de Deus, quisesse lançar mão do Seu Eterno Poder, Ele tinha poder para descer da cruz e trucidar o Diabo. Mas Ele não fez isso, porque significaria a nossa Eterna Perdição, e não teríamos

mais salvação para todo o sempre. Ele se manteve submisso à Vontade Maior de Deus, e sofreu tudo calado, sem resistir a absolutamente nada, em todas as tentações e afrontas demoníacas que estava sofrendo, tentando-o a reagir e descer da cruz. Ele permaneceu, com infinita humildade e amor, para que a Justiça de Deus fosse cumprida não contra nós, mas à nosso favor.

Ele se submeteu a tudo até o fim, quando depois de ter cumprida a Palavra de Deus e vencido, consumou a nossa Salvação para sempre! O Senhor assim morreu, neste mais perfeito amor, pureza, justiça, santidade e obediência, para que por este Sacrifício Perfeito nós fôssemos perdoados não um dia, mas para todo o sempre de todos os nossos pecados. E não somente o perdão, mas para ganharmos um novo nascimento em espírito, de semente incorruptível, em justiça e santidade, e assim tivéssemos também a vitória sobre o próprio pecado pela perseverança na fé e permanência nos santos Caminhos da Luz. Agora nós podemos andar em novidade de vida e vitoriosa transformação interior que nos faz viver para sempre e sermos mais do que vencedores por meio de Jesus, aquele que nos amou! E visto que a morte não podia conter o Senhor dos Céus, e porque Ele venceu, Ele ressuscitou, pela Mão Direita de Deus, em poder e grande glória, tendo sido feito Senhor dos anjos e Sumo Sacerdote da Nossa Confissão, a de uma Nova Aliança, que alcança não somente Israel, mas que é entre Deus e todo o mundo, entre os que recebem o Testemunho do Filho de Deus pela Fé; Aliança que é de efeito eterno e que durará para sempre.

O Sacrifício de Jesus foi perfeito e eficaz, Ele cumpriu todas as implicações da Lei e da Justa Justiça de Deus para a salvação do mundo. Isto significa que Deus se satisfez com a vida de Jesus, e que o Seu sacrifício foi suficiente e eficaz, e aceitou a Sua mediação entre Ele e nós, os homens, através do derramamento do Seu sangue, para nos salvar e nos admitir de volta no domínio do Seu Reino Eterno de Luz, E

Ele já não está mais irado e já não tem queixa nenhuma contra nós, nem contra os pecados de todo o mundo, salvo de uma só coisa: aqueles que permanecem incrédulos e desprezadores de uma tão grande e sublime Obra de Salvação provinda da Graça e Misericórdia de Deus. Agora só não haverá perdão para quem desprezar este tão supremo e grandioso ato de Salvação da parte de Deus. Somente para os desprezadores e incrédulos permanecerá a Ira de Deus.

Em um plano maior, Deus não mais julgará todos os homens pelos seus pecados, por tenebrosos que sejam, mas pelo desprezo e incredulidade contra Ele! Não importa o quanto você pecou, você nunca vencerá o sacrifício de Jesus! Você agora só será condenado se você desprezar a Salvação de Deus, que está em Seu Filho, pela incredulidade! Por que *"Quem crer e for batizado será salvo; mas quem não crer será condenado." (Marcos 16:16)*. Somente duas opções! Ali não está dizendo: "Quem pecar pouco será salvo, e quem pecar muito será condenado". Não! A única coisa que dividirá o homem, num plano maior, é a Fé em Deus pelo Testemunho de Jesus. Você precisa ouvir a Palavra de Deus, a Mensagem do Evangelho e da Cruz, e crer em Deus. Não estou dizendo que você vai crer em Deus, ser salvo e continuar vivendo no pecado. Não! Pois quem é nascido de Deus também recebe uma nova natureza, e consequentemente passará a ter prazer na justiça e a praticar a justiça. Não significa que você nunca mais irá pecar, mas que agora se você pecar você confessará o mal urgentemente e de maneira nenhuma continuará vivendo no pecado. A Obra de Jesus na cruz tanto é salvação quanto é condenação para o mundo, se não crerem! Pois de onde haverá desculpa para a incredulidade diante de uma tão grande obra de Salvação?

Tudo o que era necessário para a realização da nossa Salvação foi feito por Jesus. A mensagem está sendo pregada. Deus está dizendo que agora há perdão para você. Basta você se arrepender dos teus pecados e aceitar a Salvação de Deus através do Testemunho de Jesus, que está sendo pregado e que também está plenamente registrado nas Escrituras Sagradas! O Testemunho de que Ele existiu, que veio ao mundo e realizou a obra da salvação é forte, acompanhado de poder e está sendo pregado, basta você abrir os olhos do teu espírito e crer. A vida perfeita de Jesus agora foi colocada em nossa conta. Somos salvos, regenerados e transformados, através da fé, somente através da fé e nada mais. Não temos justiça nenhuma para apresentar para Deus, mas é somente pela Justiça de Jesus. Um mínimo olhar sincero que você olhar para Deus, desde que seja com verdade, já te levará para a Salvação, diz a Palavra de Deus! *"Olhai para mim, e sereis salvos, vós, todos os termos da terra; porque eu sou Deus, e não há outro." (Isaías 45:22)* e *"Porquanto a vontade daquele que me enviou é esta: Que todo aquele que vê o Filho, e crê nele, tenha a vida eterna; e eu o ressuscitarei no último dia." (João 6:40).*

O Sacrifício de Jesus no derramamento da Sua vida justa pelo mundo foi perfeito, imaculado, suficiente e eficiente para sempre sobre todos aqueles que creem no Seu Nome. Através de Jesus, você é perdoado, e você não é mais culpado, e ninguém nunca mais poderá te acusar de qualquer coisa, se você permanecer nEle através da fé até o fim, pois *"Se confessarmos os nossos pecados, ele é fiel e justo para nos perdoar os pecados, e nos purificar de toda a injustiça." (1 João 1:9), "e o sangue de Jesus Cristo, seu Filho, nos purifica de todo o pecado." (1 João 1:7).* Basta você ouvir a Palavra de Deus, aceitar esta verdade no teu coração e viver de acordo com ela. Se você se arrepender do caminho do mal, ouvindo a Palavra de Deus, e aceitar o que Jesus fez por você, crendo em Deus de todo o coração, você será perdoado e tornado justo, pelo seu sangue, e então Deus agora estará em paz com você para sempre, e você com Ele!

22. Esperança de Vitória

"A vida eterna aos que, com perseverança em fazer bem, procuram glória, honra e incorrupção;" (Romanos 2:7)

Seja forte, e tenha perseverança. Se você pagar um pequeno preço de obediência, renunciando a corrupção do mundo e viver uma vida que glorifica a Deus, vencendo o Combate da Fé e alcançando o Bom Testemunho, a Vida Eterna de Cristo terá sido confirmada para sempre em você, e você será elevado em poder e glória espiritual, e passará a existir eternamente em imortalidade de superexistência e realidade indestrutível de luz na dimensão transcendente da eternidade, aquela que Reina sobre tudo, que sempre existiu e sempre existirá para sempre, a mesma em que o Deus Criador de todo Poder, Cristo, os anjos da luz, as famílias celestiais e os santos vencedores ascendidos habitam, e que em breve descerá também sobre a Terra na ocasião da revelação do Reino de Deus.

"Pois assim como por uma só ofensa veio o juízo sobre todos os homens para condenação, assim também por um só ato de justiça veio a graça sobre todos os homens" (Romanos 5:18)

A humanidade tem esperança, pois um ato de justiça um dia foi praticado entre nós.

23. Poder que Transforma

"Ora, o Senhor é Espírito; e onde está o Espírito do Senhor, aí há liberdade." (2 Coríntios 3:17)

O Espírito Santo não traz escravidão, mas liberdade e libertação. Onde Ele está, não podem permanecer as trevas, nem o pecado, nem o mundanismo. O Espírito Santo é poder, e onde Ele se faz presente há salvação, há libertação, há alegria e transformação. Onde o Senhor desce o lugar não pode ficar mudo, nem imóvel. Tudo estremece e se transforma. O Seu Poder e a Sua Presença jamais deixam silêncio. Não há lugar para permanecer o pecado, doenças, demônios, prisões, trevas e escravidão. Ele é a própria Liberdade e a Alegria em Pessoa. Ali a Palavra é pregada não somente com sabedoria, mas também com Poder e manifestações sobrenaturais da glória de Deus. Você só pode ser livre se você tiver o Espírito Santo dentro de você. Fora disto é falsa liberdade e engano. Ele é quem transporta a Luz Divina e liberta de fato não só o exterior, mas também o espírito e a alma de todos aqueles que o recebem.

O mundo e sua prepotência debaixo do império do pecado e da morte está num abismo de perdição e não admite que precisa desesperadamente de ajuda, pois sem Jesus não existe a redenção da vida que todos procuram. Ele é a única esperança, sem Ele não há salvação e todos estão condenados para sempre.

24. Segredo do Milagre

"Pela fé, entendemos que foi o universo formado pela Palavra de Deus." (Hebreus 11:3)

A Matemática de Deus funciona pela Fé e existe na Dimensão do Sobrenatural. Do nada Ele criou tudo, e do impossível Ele faz existir o mais Perfeito Milagre. O próprio Deus usa a Fé para criar tudo e trazer à existência todas as Suas Impronunciáveis Maravilhas. O transdutor da Fé é a Palavra de Deus. Ele fala, e tudo passa a existir! Creia no que Deus diz, e tudo na tua vida se transformará. Creia, mesmo que seja necessário paciência para a confirmação da Fé, creia e o Milagre virá! Ele já declarou na Sua Palavra que você é amado, aceito de volta e perdoado. Você só precisa crer. Ele já declarou que você é salvo, redimido e justificado, se tão somente em você existir Fé. Ele já declarou que os planos do Inimigo contra você estão todos derrotados, que você tem nova vida e que é mais do que vencedor, por meio de Jesus.

Muitas pessoas rejeitam a Palavra de Deus, mas tudo o que Ele tem para você é amor, perdão, salvação, cura, libertação, transformação, sucesso verdadeiro, felicidade real, realização plena e vida com abundância. Todo tipo imaginável de Promessas de Vida e de Verdade já foram decretadas para você, se você apenas abraçar o Plano de Deus e crer em tudo o que Ele diz. Para todas as promessas existe o tempo de prova de Fé, para que Deus seja exaltado e glorificado na tua vida pela manifestação do testemunho da Sua Imutável Verdade. Mas as Promessas estão todas lá, e todas são absolutamente Fiéis e Infalíveis. Antes de tudo creia, com um coração reto e verdadeiro. Você ouve o que Deus diz, você crê e tudo passa a existir para você, é assim que funciona. Creia na Verdade e comece a andar de acordo com o que está escrito, exercitando paciência e perseverança, e então o Poder de Deus começará a se fazer presente, e Ele operará maravilhas na tua caminhada de Fé.

25. Vivendo na Esperança

"Para que, no tempo que vos resta na carne, não vivais mais segundo as concupiscências dos homens, mas segundo a vontade de Deus." (1 Pedro 4:2)

O cristão é chamado para viver uma nova vida em uma nova dimensão existencial que é o Reino Interno da Luz. Você é um cidadão dos céus e já não faz parte do sistema corrupto deste mundo. O Reino de Deus agora está dentro de você, você é Nova Criatura e não pode mais amar o mundo nem colocar o teu coração nas glórias e prazeres mortos deste tempo presente. Todavia, externamente você obviamente continua vivendo sobre o mundo e tem uma carreira para percorrer até obter a vitória final do Combate e da Carreira da Fé. Desta maneira, você também precisa aprender o modo correto de viver no mundo nesta jornada de peregrinação da Fé até vencer a si mesmo, vencer o mundo, dar testemunho da verdade, da salvação e do Poder de Deus, glorificar o Nome de Deus e completar a carreira para alcançar a Entrada Permanente no Reino da Luz, que já venceu e em breve se abrirá também sobre a Terra. A Palavra de Deus é plena e completa, nela você encontrará todas as instruções e orientações para a vivência na fé e para todos os aspectos da vida, como por exemplo, o Novo Testamento para a Prática da Fé na Nova Aliança, o Livro dos Salmos para o Relacionamento Pessoal com Deus e o Livro de Provérbios, que entre outros aspectos, ensina a viver de forma correta a Vida Civil na Sociedade.

"Porque o amor de Cristo nos constrange, julgando nós assim: que, se um morreu por todos, logo todos morreram. E ele morreu por todos, para que os que vivem não vivam mais para si, mas para aquele que por eles morreu e ressuscitou." (2 Coríntios 5:14, 15)

26. Decidindo pela Obediência

"Ensinando-nos que, renunciando à impiedade e às concupiscências mundanas, vivamos neste presente século sóbria, e justa, e piamente," (Tito 2:12)

"Porque o fruto do Espírito está em toda a bondade, e justiça e verdade"; (Efésios 5:9)

A Palavra de Deus nos diz que todo aquele que crê na Verdade renasceu em espírito, recebeu uma Nova Vida Interior e uma Nova Natureza, Regenerada e de Semente Divina. Você não pode mais amar o mundo, nem pode mais viver debaixo dos desejos da carne. Você é Nova Criatura. Você tem que usar o Poder da Fé e se Decidir pelo Espírito. Não que a decisão sozinha tenha poder, pois em primeiro lugar vem a Fé. A decisão sem a Fé não opera, pois o poder para vencer está na Fé. Pois em primeiro lugar você não tem que decidir, você tem que Crer! Todavia, tendo a Fé exercitada no coração, você decidirá pela obediência à Palavra da Verdade. É um processo e um trabalhar de Deus que leva tempo e disciplina. Nunca tudo será perfeito. Haverão momentos de queda e fraqueza. No entanto você deverá sempre se arrepender, diariamente, se dobrar, confessar e ir abandonando o pecado urgentemente. Os desejos da carne vindos das Ilusões Passageiras, os desejos dos olhos vindos da Violência Ótica do mundo e a cobiça das ofertas de prazeres e riquezas enganosos deste tempo presente de vaidades devem ser abandonados. Sempre que uma tentação ou um desejo maligno surgir diante de você, use o Poder do Espírito, Creia no que Deus diz e se Decida pelo Espírito através da Fé pela obediência aos Seus mandamentos, que são ordenados para a tua Salvação, Santificação, Fortalecimento, Prosperidade e Realização da Verdadeira Vida que permanecerá para sempre. Use o Poder da Fé e Ouse Obedecer, vença a tua alma, vença o pecado, pois você já foi liberto, e se Decida pelo Espírito para a Obediência à Verdade que Santifica.

27. Transformados em Cristo

"Assim está também escrito: O primeiro homem, Adão, foi feito em alma vivente; o último Adão em espírito vivificante." (1 Coríntios 15:45)

Adão, o primeiro homem, pecou dentro de um paraíso e trouxe a corrupção para toda a raça humana. Jesus, o Filho de Deus e o Novo Adão, foi provado em sofrimento até a morte, e morte de cruz, e se manteve fiel em obediência a Deus até a última gota de sangue. Os filhos de Adão, que trazem a natureza do pecado, como todos nós humanamente somos, são gerados de nascimento natural, segundo a carne. Mas os filhos de Deus, que trazem a natureza da redenção, são nascidos de Deus, gerados em Jesus Cristo, o Novo Adão da raça humana, que é espiritual e nasce primeiramente do espírito, através da Fé na Palavra de Deus. Estes são gerados de acordo com a vida espiritual e humana perfeita de Jesus, de semente divina e incorruptível, começando desde o momento da conversão com o nascimento de um novo espírito de vida eterna, que vai se desenvolvendo progressivamente e terminando na futura ressurreição de um corpo físico imortal e glorificado, assim como Cristo venceu e ressuscitou corporalmente da morte, glorificado e em poder, a ponto de poderem falar, comerem com Ele e tocar em Suas mãos. Quando uma pessoa se arrepende dos seus pecados, da sua velha natureza, abre o coração e passa a crer na Palavra de Deus, ela é purificada e recebe o perdão de todos os seus pecados, pelo sacrifício de Jesus, renasce de Deus em espírito e recebe o dom da Graça de Deus para a Vida Eterna. Esta nova vida então, espiritual e de semente divina, precisa ser exercitada e desenvolvida, através da obediência à Palavra de Deus e abandono total do pecado, dia após dia, para que o Poder da Regeneração recebida em espírito comece, passo a passo, a se manifestar até tomar a plenitude da personalidade de quem a recebe.

É necessário meditar, obedecer e praticar a Palavra de Deus em todas as áreas da vida, todos os dias, se desvestindo cada vez mais do velho homem e se revestindo da Nova Vida de Cristo, gerada nEle e conforme a Sua semelhança, caminhando na luz e vencendo os testes e provas de fé que geram experiência e crescimento espiritual no Caminho da Eternidade, em submissão à Vontade de Deus, resistindo e permanecendo firme na fé até o fim, para que a transformação interior e libertação espiritual aconteça, e a plenitude da Salvação comece a tomar toda a vida de quem verdadeiramente é salvo e recebe o Dom da Vida de Deus.

"Não sabeis que daquele a quem vos ofereceis como servos para obediência, desse mesmo a quem obedeceis sois servos, seja do pecado para a morte ou da obediência para a justiça? Mas graças a Deus porque, outrora, escravos do pecado, contudo, viestes a obedecer de coração à forma de doutrina a que fostes entregues; e, uma vez libertados do pecado, fostes feitos servos da justiça." [...] "Agora, porém, libertados do pecado, transformados em servos de Deus, tendes o vosso fruto para a santificação e, por fim, a vida eterna; porque o salário do pecado é a morte, mas o dom gratuito de Deus é a vida eterna em Cristo Jesus, nosso Senhor." (Romanos 6:16-23)

28. Vivo para Sempre

"E sabemos que já o Filho de Deus é vindo, e nos deu entendimento para conhecermos o que é verdadeiro; e no que é verdadeiro estamos, isto é, em seu Filho Jesus Cristo. Este é o verdadeiro Deus e a vida eterna." (1 João 5:20)

Nós servimos a Jesus Cristo, o Filho de Deus perfeito tornado homem que deu a vida para salvar o mundo, ressuscitou e subiu vivo para os Céus. A ascensão de Jesus foi integral, Ele subiu em espírito, alma e corpo para junto do Trono de Deus. Vivemos num mundo em que já existiu pelo menos um homem que ressuscitou dentre os mortos! Sim, esta Terra em que estamos um dia já foi espantada por presenciar a ressurreição, e ainda glorificada, de um homem que venceu a morte e vive para sempre. Este testemunho vibra na atmosfera e faz tremer as energias do planeta até hoje. Aquele único homem perfeito que saiu do mundo e subiu vivo para a Eternidade. Ele está tão vivo que se Ele descesse agora até você, você poderia conversar com ele sentado no sofá da tua casa, tocar em suas mãos sentindo o Seu calor e a fulgurante luz dos Seus olhos, ouvir a Sua doce voz, comer um favo de mel junto com ele e ser transformado pela Sua Maravilhosa Presença.

"Porque todos pecaram e destituídos estão da glória de Deus;" (Romanos 3:23)

Não há ser humano debaixo do céu que não precise da Salvação, que não precise ouvir o Evangelho e que não precise de Jesus!

29. Ministério da Igreja

"Porque não quero, irmãos, que ignoreis este segredo (para que não presumais de vós mesmos): que o endurecimento veio em parte sobre Israel, até que a plenitude dos gentios haja entrado. E assim todo o Israel será salvo, como está escrito: De Sião virá o Libertador, E desviará de Jacó as impiedades. (Romanos 11:25). "para que saibas como convém andar na casa de Deus, que é a igreja do Deus vivo, a coluna e firmeza da verdade." (1 Timóteo 3:15)

Para termos o correto entendimento e evitarmos posições erradas, precisamos conferir nas Escrituras quem está à frente atualmente no Plano Divino: A Igreja ou Israel. No tempo presente, na era da dispensação da Graça, a Igreja está estabelecida à frente de Israel. A Igreja foi o nascimento do Israel Espiritual de Deus, conforme a promessa divina, e é composta pelos Eleitos da Graça, os que creem na Promessa da Salvação Eterna por intermédio de Jesus Cristo, o Filho de Deus e Messias manifestado em Poder conforme as Promessas das Escrituras. Os Eleitos da Graça são advindos tanto de Israel como dentre os gentios, pois após a obra espiritual, morte e ressurreição de Jesus não há mais separação. Até a manifestação do Reino de Deus em plenitude, está estabelecido o Ministério da Igreja. A Igreja é o Israel Espiritual de Deus, onde não há acepção de pessoas, e dele fazem parte todos os que temem o nome de Deus, através de Cristo, vindos de todos os povos, pois a salvação, que veio dos judeus, foi destinada para alcançar a todos os povos, conforme a promessa feita para Abraão, que diz: *"Em ti serão benditas todas as famílias da Terra." (Gênesis 12:3).*

O Ministério da Igreja está estabelecido até a vinda celestial visível de Cristo e a restauração absoluta do povo de Israel físico, onde haverá a unidade total entre o Israel físico e a Igreja Verdadeira, que são aqueles que creram no Evangelho e são espiritualmente nascidos de Deus. No Reino de Deus todos os salvos serão um só povo. Depois do retorno glorificado e visível de Jesus, todos os que fazem parte do Reino de Deus, os eleitos e salvos pela fé vindos dentre Israel e de todos os povos, redimidos e ressuscitados para sempre em glória incorruptível, servirão a Deus e a Cristo no Seu Reino e serão todos um só povo pelos séculos dos séculos.

"E sujeitou todas as coisas a seus pés, e sobre todas as coisas o constituiu como cabeça da igreja," (Efésios 1:22)

O que é a Igreja? A Igreja não é um negócio, nem uma empresa, nem mesmo uma instituição religiosa. A Igreja é um Reino, cujo cabeça e Senhor é Cristo, e cujos membros são Seu Corpo, cidadãos e embaixadores do Reino dos Céus. Somos ensinados a nos sujeitar às autoridades, pois Cristo tem todo o poder nos Céus e na Terra. Não obstante a Igreja é a extensão e antecedência do Reino de Deus na Terra.

30. Filho de Deus, Filho do Homem

"E, respondendo o anjo, disse-lhe: Descerá sobre ti o Espírito Santo, e a virtude do Altíssimo te cobrirá com a sua sombra; por isso também o Santo, que de ti há de nascer, será chamado Filho de Deus." (Lucas 1:35)
"Acerca de seu Filho, que nasceu da descendência de Davi segundo a carne," (Romanos 1:3)

Jesus, sendo o Filho de Deus e a Manifestação da Presença do Próprio Deus entre nós, mesmo tendo Seu nascimento humano sobrenatural, também era legítimo descendente de José, seu pai terreno, e assim também de Davi, segundo a carne. O Senhor, sendo o Filho de Deus desde antes da Eternidade, nasceu também como homem por obra sobrenatural do Espírito Santo, para que por intermédio dEle fôssemos salvos. Porém, mesmo sendo de forma sobrenatural, na Sua encarnação Ele foi gerado segundo o código genético de José, seu pai terreno, muito embora que sem pecado, por causa da promessa de Deus feita a Davi, que de um dos seus descendentes levantaria o Cristo, sendo assim um legítimo descendente de Davi, para que fosse cumprida a promessa que Deus fez a este e também a Abraão. Assim Jesus, o Filho de Deus enviado para salvar o Mundo, mesmo sendo, através da Sua Unidade Divina, a Exata Manifestação do próprio Deus Entre Nós, foi gerado também como homem, embora de forma sobrenatural, para que se tornasse o Novo Adão e Novo Matriz da Raça Humana, redimida, celestial, espiritual e não mais carnal, que agora nasce em primeiro lugar do espírito, através da Fé. Ele foi gerado também como homem, de semente celestial, pura, divina, incorruptível e santa, e através dEle assim todos os que creem também serão gerados para a Vida Eterna. Desta maneira o Filho de Deus é o Novo Adão, e também pode ser legitimamente chamado descendente de Davi e de Abraão, segundo a carne, conforme as promessas de Deus estabelecidas nas Escrituras.

31. Todos os Povos

"Pois já os meus olhos viram a tua salvação, A qual tu preparaste perante a face de todos os povos;" (Lucas 2:30, 31)

"E disse-lhes: Ide por todo o mundo e pregai o evangelho a toda criatura." (Marcos 16:15)

O Evangelho e a Salvação foram conquistados e são destinados para todos os povos do mundo. Jesus veio ao mundo, viveu a vida perfeita, deu testemunho da verdade, nos trouxe o Reino de Deus, entregou-se a si mesmo como preço pago para salvar o Mundo dos seus pecados e ressuscitou vitorioso, vencendo o mundo, o pecado, a morte e todo principado, domínio e poder. Nem todos receberão a Mensagem da Salvação, mas o Direito da Salvação foi conquistado para todos, tanto para os que são salvos como para os que se perdem, e para todos o Evangelho da Libertação da Vida deve ser pregado. O Evangelho do Reino de Deus, que venceu e que em breve se manifestará em plenitude, é para Israel, para a Itália, para a Grécia, para a Inglaterra, para os Estados Unidos, para o Brasil, para o Japão, para o México, para a África do Sul, para a Etiópia, para o Egito, para a Indonésia, para a Índia, para a Rússia, para a China, para a Arábia Saudita, para o Iraque, para o Irã, para a Coréia do Norte, para a Austrália, para Andorra, para o Haiti e para todo o Mundo. Deus ama o mundo, e conquistou a Salvação, em Jesus, para absolutamente todos os homens e mulheres de todos os povos, tribos, línguas e nações. Se você já provou o Poder de Deus e teve a vida transformada pelo Evangelho, você não pode negar a todas as pessoas quantas possíveis, inclusive de outras nações do mundo, o direito de ouvirem o Evangelho para conhecerem a Cristo e receberem o Dom da Vida Eterna.

O Evangelho é para todas as nações. A Salvação foi dada e destinada para todos os que creem, dentre todos os povos do mundo. Nenhum país, povo, tribo, língua ou nação está excluído da Obra da Redenção. O Evangelho deve ser pregado no mundo inteiro, absolutamente, desde o grande país até o mais remoto povo isolado, porque este é o mandamento do Nosso Salvador e o propósito de Deus. Se você se sente chamado pelo Espírito Santo, sabendo que já tem um completo testemunho de vida e caminhada na presença de Deus, se você já tem a experiência de uma vida provada no altar do sacrifício da fé, e se você é um verdadeiro discípulo com a Unção do Espírito Santo, tendo a devida Ciência e Testemunho da Palavra da Salvação, e estando preparado e consciente para as provas de fé que virão, se submetendo aos devidos preparos estratégicos, você não precisa nem de profecia, o Senhor já deu a ordem a todos os Seus discípulos para empreender a Evangelização local e até os confins da Terra, e prometeu que os acompanharia com a Sua constante presença, providência e promessa de vitória na missão.

"Porque o SENHOR é justo, e ama a justiça; o seu rosto olha para os retos." (Salmos 11:7)

Deus é um Deus de ordem, de princípios e de leis. Ele, sendo Deus, é Fiel e Justo, Perfeito em Sabedoria. E mesmo sendo Deus e Soberano, Ele se faz o Maior Exemplo, porque Ele é Bom, e jamais transgride as próprias leis e ordens que pelo Seu próprio poder estabeleceu sobre todos, para que o obedeçam e o sirvam no Caminho da Luz.

32. Pregando para Todos

"Mas Deus prova o seu amor para conosco, em que Cristo morreu por nós, sendo nós ainda pecadores." (Romanos 5:8)

Amados irmãos, para Deus não há acepção de pessoas. Nem todos recebem a Mensagem da Luz, e nem todos serão salvos. Mas a Salvação foi conquistada para todos, mesmo para os que a rejeitarão. Ore por todas as pessoas. Ore pelo médico, pelo advogado, pelo juiz, pelo comerciante, pelo empresário, pelo padeiro, pelo marceneiro, pelo pedreiro, pelo professor, pelo universitário, pelo rico, pelo pobre, pelo mendigo, pelos que estão investidos de autoridade, pelos asilados, pelos meninos de rua, pelos hospitalizados, pelos presidiários, pelos marginais sem esperança, pela prostituta, pelos viciados, pelos que estão enganados praticando o ocultismo, e por todos os que estando cegos odeiam o Caminho da Salvação. Não significa que você vá ser conivente com o mal, aprovar o pecado e as obras infrutuosas das trevas. A Bíblia diz que todos pecaram, e por isto estão destituídos da glória de Deus. Se eu e você, como todos, um dia fomos depravados pecadores, e ainda até hoje estamos sujeitos a pecar, então por quê tomaríamos o martelo do juiz nas mãos para condenar todos aqueles que sequer ainda não ouviram as Boas Novas da Salvação, aqueles por quem Jesus, o Filho de Deus, um dia derramou o seu sangue e morreu para salvá-los? Se você foi salvo e recebeu a Graça da Salvação, ore por todas as pessoas e seja instrumento para pregar o Evangelho para todos quantos possíveis. Ore pelo teu companheiro de trabalho, ore pelos colegas letivos, ore pelo teu vizinho, ore pelos teus amigos e por todos os que estão longe.

Aquela pessoa que te odeia e vive te jogando pedras não sabe o que está fazendo e também precisa conhecer o Poder de Deus para salvá-la. Muitas pessoas que estão nas trevas se convertem quando alguém simples e humildemente anuncia que Deus a ama e que Jesus um dia sofreu o julgamento dos pecados do mundo na cruz, no lugar dela, e entregou a Sua vida para salvá-la e que por isto existe perdão e salvação para ela. Pregue o Reino de Deus, anuncie que Jesus veio ao mundo, venceu o pecado, venceu a morte, venceu todo o poder das trevas, nos libertou no Seu Sacrifício na Cruz e Ressuscitou para que através dEle tivéssemos a Vida Eterna. Procure se dispor para Deus, se prepare conhecendo a Sua Palavra, adquirindo e vivendo o Testemunho do Seu Poder na tua própria vida para você poder pregar a Mensagem da Salvação. Jamais podemos aprovar o pecado e as más obras que o mundo pratica, mas também não podemos lhes negar o direito de conhecerem o Reino de Deus, o Seu Amor e o Seu Evangelho da Paz. Jesus pode salvar qualquer pessoa que se dispor e voltar os olhos para Deus sequer por um segundo das suas vidas, dando ouvidos para a Mensagem da Sua Gloriosa Palavra de Salvação.

"Mas, se eu expulso os demônios pelo Espírito de Deus, logo é chegado a vós o reino de Deus." (Mateus 12:28)

Os pregadores não conseguem expulsar os demônios, porque tentam pelo próprio poder. Mas o próprio Jesus disse que os demônios são expulsos somente através do SEU NOME e sabendo que isso se opera pelo ESPÍRITO DE DEUS. Você tem o Espírito de Deus?

33. Testemunhas da Fé

"De maneira que nós mesmos nos gloriamos de vós nas igrejas de Deus por causa da vossa paciência e fé, e em todas as vossas perseguições e aflições que suportais; Prova clara do justo juízo de Deus, para que sejais havidos por dignos do reino de Deus, pelo qual também padeceis;" (2 Tessalonicenses 1:4)

Para os que morrerem na desobediência e incredulidade, desprezando a Graça e a Salvação de Deus, o julgamento será no Dia do Juízo Final, onde todos os ímpios mortos comparecerão para prestarem contas ao Grande Juiz da Eternidade, e serem julgados para sempre sobre todas as suas obras sujas que praticaram enquanto ainda em vida na Terra. Mas para todos os que são salvos, para os que creem no Evangelho da Vitória do Reino de Deus, aceitando a Cristo, para estes o julgamento acontece ainda em vida, durante o percurso da caminhada da fé, na qual devem vencer a Prova do Combate da Fé que gera o Testemunho da Vida Eterna e entrada para a herança incorruptível no Reino Futuro da Luz. Não julgamento para condenação, mas para a prova da fé, pois quem crê em Cristo não pode mais ser julgado para condenação - *"Quem nele crê não é julgado; o que não crê já está julgado, porquanto não crê no nome do unigênito Filho de Deus." (João 3:18)*. Não tenham medo, e nem desanimem por causa das experiências de aflições que todo cristão salvo tem que passar, elas são a prova de que a Vida Eterna já está gerada em você, e depois de você vencer, pela paciência e perseverança, você nunca mais poderá ser submetido a qualquer julgamento ou condenação para sempre, pois a justiça de Deus que está em Jesus terá sido confirmada em você através da comprovação do teu testemunho de fé e confissão.

34. Renascidos para a Luz

"Porque o amor de Cristo nos constrange, julgando nós assim: que, se um morreu por todos, logo todos morreram. E ele morreu por todos, para que os que vivem não vivam mais para si, mas para aquele que por eles morreu e ressuscitou." (2 Coríntios 5:14, 15)

Se você serve a Deus e está no caminho da fé, eu preciso te dar uma notícia: o Ego do ser humano, o deus de si mesmo, é um demônio que vem instalado na psique humana desde o nascimento, e ele precisa ser expulso e destruído! Isto será um processo de trabalho do Espírito Santo que exige paciência, perseverança no combate da fé e tempo. É um dos processos fundamentais no desenvolvimento da Nova Vida que Deus faz nascer em você através de Cristo. É a crucificação do velho homem e o despojar da velha natureza de pecado que todos nós herdamos dos nossos pais desde Adão. Não estou dizendo que você nunca mais irá pecar enquanto na Terra. É um processo doloroso, mas debaixo da operação do poder, graça e proteção de Deus. A Salvação deve ser operada na vida do cristão, e este é um dos processos que ele tem que vencer, morrer no que diz respeito a si mesmo para passar a viver para Deus, que é onde se encontra a vida em abundância prometida por Cristo. Por isto o Senhor nos disse: *"Se alguém quer vir após mim, negue-se a si mesmo, tome a sua cruz e siga-me." (Lucas 9:23)* e também: *"Porque, qualquer que quiser salvar a sua vida, perdê-la-á; mas qualquer que, por amor de mim, perder a sua vida, a salvará." (Versículo 24).*

Isto faz parte do processo de renascimento que Deus opera na vida do cristão, pois no mesmo foi gerada uma nova vida, eterna e de semente incorruptível. Será a luta da Nova Vida contra a Velha Vida, do Espírito contra a carne. Mas você tem a Firme Promessa de que se permanecer fiel, você será transformado em mais do que vencedor. E esta nova vida, sobrenatural e que tem participação da própria natureza de Deus, precisa se desenvolver e progredir para começar a tomar toda a plenitude da existência de quem a recebe, para que a presença de Deus chegue a tomar e encher inteiramente de vida divina a totalidade interior e exterior de quem foi transformado pela fé exercida sobre a Palavra da Verdade. Lutando o Bom Combate da Fé na Promessa da Vitória já desde o tempo presente, e sustentando a Esperança da Vida Eterna, que é desde a regeneração e renascimento espiritual que é gerado desde o presente até a incorruptível ressurreição corporal futura para a entrada permanente e triunfante no Reino de Deus.

"Porque há um só Deus, e um só Mediador entre Deus e os homens, Jesus Cristo homem." (1 Timóteo 2:5)

Todos os sistemas religiosos, evangélicos, católicos ou outros, independente da confissão que professam, são por via de regra empesteados de roubalheira e corrupção, pois Jesus não é religião, mas poder de transformação de vida e o Senhor de Todos, e a Igreja não é uma empresa, nem organização política, mas a Extensão Viva e Atuante do Reino de Deus e do Seu Poder na Terra. Se os irmãos católicos pecam na questão da idolatria e dos vícios, eles são uma lição para todos, inclusive para os evangélicos, em se tratando de fé comum, humildade e união fraterna entre os irmãos.

35. Exemplo Maior

"Na verdade, na verdade vos digo que aquele que crê em mim também fará as obras que eu faço, e as fará maiores do que estas, porque eu vou para meu Pai." (João 14:12)

Você busca revelações? Revelação é tudo o que encontramos na Palavra de Deus. Tudo o que Jesus fez, no poder do Espírito Santo, foi debaixo das mesmas leis e condições a que todos os homens também estão sujeitos, muito embora manteve a Sua identidade divina, e nEle nunca houve pecado. Ele, mesmo sendo totalmente Deus e totalmente homem, se esvaziou a si mesmo, tomando a forma de servo, e se fazendo semelhante a nós. E achado em figura humana, ainda assim se humilhou a si mesmo, sendo obediente até a morte, e morte de Cruz (Filipenses 2:5). Tudo o que o Senhor fez, todas as Suas obras debaixo do poder do Espírito Santo, foi nas mesmas condições a que todos nós também estamos sujeitos, mesmo que sem pecado, para que nEle tivéssemos o supremo exemplo, se tornando o Nosso Grande Mestre, e para que fosse possível seguirmos os Seus passos. É evidente que isto não significa que todos farão exatamente TODAS as obras que o Senhor fez, mas que os Seus exemplos seriam seguidos em muitos dos Seus feitos. As Escrituras dizem que o próprio Senhor aprendeu a obediência através das coisas que sofreu. Não existe discipulado sem um trabalhar de Deus na vida do discípulo, e não o existe sem provas de fé, de fidelidade e de obediência. O verdadeiro discípulo é aquele que se esvaziou de si mesmo e se encheu da Plenitude de Cristo, que depende somente de Cristo, que tem a vida entregue no altar do sacrifício a serviço de Deus e não faz nada de si mesmo nem para si mesmo, e que não tem nenhum poder próprio senão o poder que vem do Espírito Santo.

36. Extensão do Reino Maior

"E sujeitou todas as coisas a seus pés, e sobre todas as coisas o constituiu como cabeça da igreja,"
(Efésios 1:22)

O que é a Igreja? A Igreja não é um negócio, nem uma empresa, nem mesmo uma instituição religiosa. A Igreja é um Reino, cujo cabeça e Senhor é Cristo, e cujos membros são Seu Corpo, cidadãos e embaixadores do Reino dos Céus. Somos ensinados a nos sujeitar às autoridades, pois Cristo tem todo o poder nos Céus e na Terra. Não obstante a Igreja é a extensão e precedência do Reino de Deus na Terra. A Igreja foi o nascimento do Israel Espiritual de Deus, conforme a promessa divina, e é composta pelos Eleitos da Graça, os que creem na Promessa da Salvação Eterna por intermédio de Jesus Cristo, o Filho de Deus e Messias manifestado em Poder conforme as Promessas das Escrituras. A Igreja é o Israel Espiritual de Deus, onde não há acepção de pessoas, e dele fazem parte todos os que temem o nome de Deus, através de Cristo, vindos de todos os povos, pois a salvação, que veio dos judeus, foi destinada para alcançar a todos os povos, conforme a promessa feita para Abraão, que diz: *"Em ti serão benditas todas as famílias da Terra." (Gênesis 12:3)*. Jesus não é religião, mas poder de transformação de vida e o Senhor de Todos, e a Igreja não é uma empresa, nem organização política, mas a Extensão Viva e Atuante do Reino de Deus e do Seu Poder na Terra. A Igreja não está debaixo da Lei de Moisés, mas debaixo do Novo Testamento da Nova Aliança da Salvação Eterna no Sangue de Jesus. A Igreja vive debaixo do Reinado da Graça, onde o Evangelho da Paz e a Vitória Eterna e já consumada do Senhor na Cruz, sua Morte e Ressurreição são anunciados.

Com a manifestação plena de Cristo e a Consumação da Obra da Redenção, o povo de Deus, entre todos os que aceitam a Salvação pela Fé, passou a viver debaixo da Aliança da Graça. O Velho Testamento ainda não foi anulado, porém foi substituído e superado pela Nova Aliança do Novo Testamento, que tem melhores e superiores promessas para os salvos. A Igreja deve conhecer e aprender os princípios de fé, as promessas e as lições do Velho Testamento, mas a Igreja não vive debaixo do Velho Testamento, a Igreja vive debaixo do Novo Testamento. A Igreja não vive e não se justifica pelas obras da Lei de Moisés, a Igreja vive no Tempo da Graça e se justifica pela fé em Jesus, e anda em novidade de vida, não mais no Ministério da Letra, mas no Ministério do Espírito.

"Porque a vida foi manifestada, e nós a vimos, e testificamos dela, e vos anunciamos a vida eterna, que estava com o Pai, e nos foi manifestada;" (1 João 1:2)

Sabe aquele país que parece tão resistente, desesperançado por causa dos maus testemunhos e distante ao Evangelho? Jesus também morreu por eles, eles também são totalmente amados por Deus e eles também precisam ouvir a Mensagem da Salvação para receberem o Perdão dos seus Pecados e a Vida Eterna.

37. Domínio Absoluto

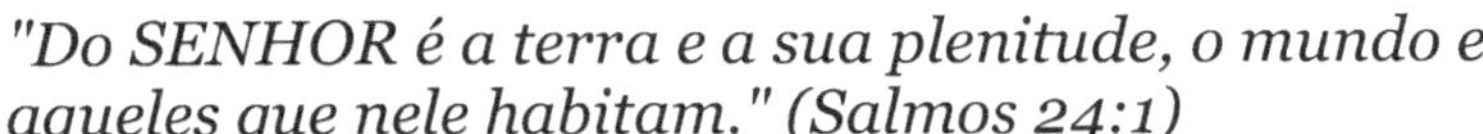

"Do SENHOR é a terra e a sua plenitude, o mundo e aqueles que nele habitam." (Salmos 24:1)

Deus nunca deixou de ser o verdadeiro Possuidor e Governante da Terra, e o Todo-Poderoso, o Supremo Dominador deste mundo. As forças do mal dominam o Sistema Inferior do pecado e do mundo passageiro que reina sobre os corações dos incrédulos, mas o verdadeiro poder sempre esteve, e sempre estará nas mãos do Senhor. Este mundo é um mundo caído, para o qual porém existiu providência de redenção e salvação para todos os que creem. Deus nunca perdeu, e nunca perderá o controle absoluto de todas as coisas, o qual em justiça nos enviou o Seu Filho Unigênito para nos salvar dos nossos pecados. E mesmo em meio ao caos, morte e destruição que assolam o tempo presente, Ele está conduzindo o curso da história, no plano universal e individual, em direção à Vitória final da Paz e da vinda visível do Seu Reino Celestial de Luz.

"Porque o Senhor corrige o que ama, E açoita a qualquer que recebe por filho." (Hebreus 12:6)

Procure, com todo o esforço, corrigir os teus caminhos diante de Deus, irmão e irmã abençoados, enquanto é tempo de paz, senão Ele vai te colocar num estreito tão atribulado, filho do Senhor, que você ou vai espanar ou se firmar de vez!

38. Bem-Aventurados os Misericordiosos

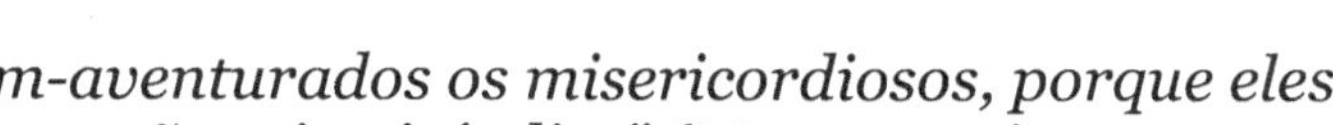

"Bem-aventurados os misericordiosos, porque eles alcançarão misericórdia;" (Mateus 5:7)

Alguém cometeu um erro e caiu na miséria? Uma pessoa que te fez mal no passado tropeçou e caiu no chão? Aquele malfeitor foi pego na corrente da vida e ficou à beira da morte? O que você vai fazer? Vai cantar o cântico da justiça (do homem) e "louvar a Deus" pela vingança? Vai dizer: Aleluia, aquele(a) miserável agora vai pagar o que fez!? Irmãos, eu preciso dizer que aos olhos de Deus nunca existiu um justo sequer neste mundo além de Jesus. Todos, sem exceção a não ser o Senhor, nascem incorrigíveis pecadores incrédulos e merecedores do Inferno. Eu e você nascemos assim, e até hoje continuamos pecando das mais vergonhosas maneiras e até em coisas que nem sabemos, e só o sangue de Jesus pela misericórdia de Deus nos mantém vivos e nos salva. Então, se Deus tem misericórdia de mim e de você todos os dias, mil vezes em cada dia, de onde vamos tomar o lugar que pertence a Deus e levantarmos o dedo como juízes sobre o próximo seja quem for? Irmão(a), se você foi salvo você tem o Espírito Santo. Você tem a Vida Eterna em Cristo Jesus. E tem mais, você é um vencedor, e não um derrotado. Então, seja a imagem de Deus e reflita a Sua glória na tua vida.

Seja perdoador e tenha misericórdia das pessoas que pecam e caem, pois se pela graça de Deus você está em pé, é para que você seja instrumento dEle para levantar as pessoas e lhes pregar o Evangelho, onde Jesus Cristo o Filho de Deus é o único justo que já existiu e que poderosamente pode salvar a todos os que se dispuserem para o aceitar. E não seja você braço do Diabo para terminar de destruir os quebrantados, feridos e desamparados do mundo. De qualquer maneira, se existir alguém que realmente merecer qualquer tipo de juízo da parte de Deus, não cabe a mim nem a você levantar o dedo para julgar as coisas que só a Eternidade tem competência para fazer. Perdoe, com discernimento e sabedoria, mas perdoe sempre que for possível. Aprenda a vencer o mal com o bem, com entendimento e consciência de Fé.

"Porventura não me temereis a mim? diz o Senhor; não temereis diante de mim, que pus a areia por limite ao mar, por ordenança eterna, que ele não traspassará? Ainda que se levantem as suas ondas, não prevalecerão; ainda que bramem, não a traspassarão." (Jeremias 5:22)

Aconteça o que acontecer, numa ordem geral, a areia sempre será o limite do mar, mesmo quando debaixo do gelo, e mesmo depois de eventos extraordinários como terremotos marítimos. Nem o fenômeno da maré anula este fato. A Palavra de Deus é infalível.

39. Reino sem Fim

"Eu fiz a terra, e criei nela o homem; eu o fiz; as minhas mãos estenderam os céus, e a todos os seus exércitos dei as minhas ordens." (Isaías 45:12)

"Do qual toda a família nos céus e na terra toma o nome." (Efésios 3:15)

Querido irmão(ã), olhe a Terra, as pessoas, a natureza, as florestas, os montes, os rios, os animais e toda a vida do nosso planeta. Tenha certeza de que Deus te ama e neste momento os Seus olhos estão concentrados na Sua obra neste mundo para a Salvação dos Seus Escolhidos. Mas tenha certeza: Você acha que Ele é pequeno e tem todo este esplendor de vida, amplidão e riqueza somente aqui na Terra? Saiba que Ele é Infinitamente Grandioso e existe na Criação, além da Terra e deste Universo, o Reino Celestial e Estelar dos Universos Superiores, Galáctico e indizivelmente vasto, cheio de poder, de glória e de vida, cheio de Reinos, Povos e Famílias Celestiais de Luz. Uma Imensidão Sublime, de uma grandeza certamente indescritível, muito além da nossa visão. Deus é impensavelmente Maior e mais Maravilhoso do que possamos pensar. O Céu é imenso. São milhares de milhares, e milhões de milhões de anjos e outros seres de luz ascendidos do universo louvando, servindo e adorando a Deus alegre e incessantemente com obras, com cânticos e ações de graças num reino interminável de poder, alegria, amor e paz sobre tudo o que é chamado pelo nome do Senhor, O Santo e Eterno Dominador.

E tem mais, por serem um exército de seres sem fim, para cada pessoa que nasce na Terra, há uma legião de anjos lutando nos céus exclusiva e só por causa da vida desta pessoa. Uma miríade de anjos está lutando dedicada e separadamente só por causa de você. Para cada pessoa na terra, há uma miríade de santos batalhando. Agora veja, irmão(ã), o tamanho do esforço do Todo-Poderoso Pai para que você tenha os olhos espirituais abertos, alcance o conhecimento da verdade e veja a glória da sua maravilhosa luz para a salvação, enxergando a Realidade Imanente do Seu Eterno Reino de Luz.

"Porventura não tornou Deus louca a sabedoria deste mundo?" (1 Coríntios 1:20)

O mundo vive no tempo da deificação da ciência, como sendo ela a fonte de toda verdade, ainda que ela própria admita ser especulativa e imprecisa em incontáveis assuntos. Mas a sabedoria que vem de Deus tem atravessado os séculos e continua sendo suprema e invencível para quem tem olhos para testemunhar a verdade. Em quem você vai confiar?

40. O Maior Milagre

"Mas Deus prova o seu amor para conosco, em que Cristo morreu por nós, sendo nós ainda pecadores." (Romanos 5:8)

Querido irmão(ã), você já agradeceu pela vida e pela luz do sol hoje? Talvez você seja uma pessoa que quer ver milagres, mas não percebe que você mesmo já é o primeiro milagre de todos. Neste mundo caído, onde o mal ainda reina, tudo o que possa existir de bom é um milagre, provindo da bondade e misericórdia de Deus. Todas as bênçãos, o sol, a luz, o ar que respiramos, o alimento, a vida, a visão dos olhos, a força para trabalhar, a disposição, o ânimo, tudo o que possamos ter, cada percepção, cada bem material, a proteção em cada simples passo, cada gota de orvalho do céu, a temperatura, cada bom pensamento de luz, cada inspiração de sabedoria, cada ato de humanidade, as pessoas ao nosso redor, cada conquista pessoal, toda descoberta da ciência, a evolução humana, qualquer coisa boa que possa existir em um mundo caído e tenebroso como este, agradeça a Deus, pois todas as coisas, pequenas ou grandes, são o mais puro e sublime milagre provindo do Seu poder e amor ilimitado por nós.

"Dizendo: Pai, se queres, passa de mim este cálice; todavia não se faça a minha vontade, mas a tua." (Lucas 22:42)

A Prova da Cruz foi muito maior do que a Prova do Deserto! Louvado seja o Nosso Senhor que venceu por nós.

41. Valor Supremo

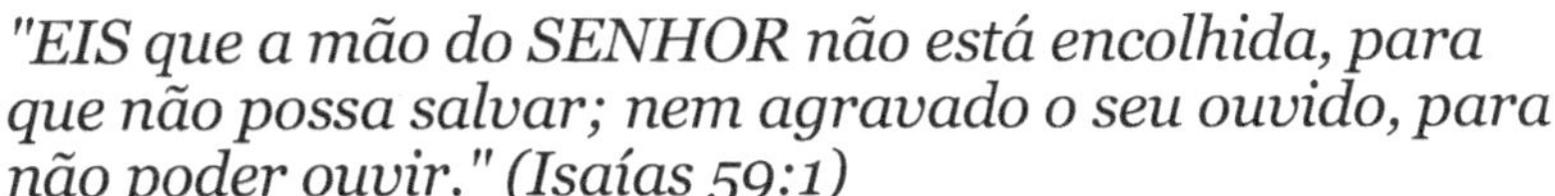

"EIS que a mão do SENHOR não está encolhida, para que não possa salvar; nem agravado o seu ouvido, para não poder ouvir." (Isaías 59:1)

Você já se perguntou sobre o valor que tem uma vida? Uma centelha da existência eterna do próprio Deus. Quanto vale um ser que pode pensar, sentir, entender e se relacionar com a faculdade de autoconsciência independente do próprio Criador? Todas as almas têm um valor último e incalculável, independente da aparência, inteligência ou poder que alguém possa ter. Todos tem um valor tão grande que são sobre tudo estimados com inexprimível valor diante de Deus e dos anjos. O próprio Criador se entristece com grande dor, e os poderosos santos anjos choram, cheios de contrito temor diante do Eterno Pai pela salvação das preciosas vidas dos homens. Saiba que Deus não é um tirano, Ele é interveniente, providente, protetor, instrutor, ofertador, gracioso, acolhedor, conselheiro, cheio de amor e compaixão por todos aqueles à quem Ele deu o dom da vida e o direito de atribuir verdade. Quando uma pessoa rejeita e despreza a Deus insistentemente e até o fim, e se perde na destruição, isto só acontece depois de ela ter desprezado um total esforço da parte do Eterno Pai, ter pisado aos pés o sangue redentor do Filho de Deus e cuspido nas intermináveis lágrimas dos santos anjos e ainda dos filhos de Deus na Terra. Não é sem motivo que uma pessoa se perde, isto aconteceu por causa da própria vontade e escolha dela, pois todas as chances e oportunidades de arrependimento são dadas a todos, indiscriminadamente, em abundante margem de tempo, para que possam ceder um segundo sequer de suas vidas, para considerar e olhar para o seu Criador, que lhe deu, da própria essência da existência dEle, o dom da vida. Deus não entrega ninguém à perdição porque Ele é um tirano arbitrário, mas porque Ele é bom, e também porque é Fiel e Justo. Todos quantos verdadeiramente buscarem a salvação a encontrarão.

42. Livre-Arbítrio e Decisão de Fé

"Buscai ao Senhor enquanto se pode achar, invocai-o enquanto está perto. Deixe o ímpio o seu caminho, e o homem maligno os seus pensamentos, e se converta ao Senhor, que se compadecerá dele; torne para o nosso Deus, porque grandioso é em perdoar." (Isaías 55:6)

Deus não viola o livre-arbítrio, nem ainda na mais ínfima centelha de decisão de qualquer ser senciente. Tanto que Ele permite que as suas criaturas até mesmo o rejeitem, e escolham a sua própria destruição, que é quando elas desprezam a misericórdia, a graça e a salvação que Ele dá benigna e gratuitamente a todo ser que respira. Ele te dá a vida, a luz e a providência amorosa dEle, mas Ele é um Deus de amor, e te deixa livre para escolher entre aceitar ou desprezar o Seu governo e existência eternos de salvação, alegria e paz. A grande derrota do Diabo diante de Deus é sumariamente porque ele desrespeita, com grande violência e assassínio, o direito de pensamento, de decisão e de livre-arbítrio sobre todos os que domina. Por isto, Deus te dá a salvação através do surgimento da fé, que é a mais sublime expressão livre que pode existir no coração de uma criatura. Se você ouvir a Palavra de Deus e acreditar livremente nela, a salvação alcançará você. Por isto, procure a graça de poder ouvir a Sua bendita Palavra, e se precisar, ouça um pouco mais, até que a luz do entendimento da fé surja espontaneamente no teu coração.

Ele não desistirá de você, continue buscando a luz da verdade, em Jesus Cristo, até sentir o abrir dos olhos do espírito, a presença e a paz do Salvador. Assim você saberá que a Luz do Deus Eterno te alcançou, e a semente da salvação já estará gerada no teu coração. E então você, renascido em espírito, nascido de Deus, terá um novo coração e poderá começar a caminhar na estrada da fé numa nova vida e nova dimensão de existência cheia das maravilhas gloriosas e da presença do Senhor, crescendo a cada dia, com perseverança, para alcançar, pela paciência e permanência persistente na luz, a prova final de fé que provará em você a existência manifesta da vida eterna e te dará entrada no Futuro Reino Superexistencial dos Céus.

"O Senhor é o que tira a vida e a dá; faz descer à sepultura e faz tornar a subir dela." (1 Samuel 2:6)

Há quem se levante com aparente poder nas mãos e arrogue tão grande estupidez a ponto de pensar que de fato tenha poder sobre a vida e a morte, mas ninguém verdadeiramente tem poder sobre a vida e sobre tudo senão o Senhor e Juiz da Eternidade, o Todo-Poderoso Deus Criador que ressuscita os mortos e do nada traz à existência as coisas que não existem.

43. Se o Filho vos Libertar

"E conhecereis a verdade, e a verdade vos libertará." (João 8:32)

"Se, pois, o Filho vos libertar, verdadeiramente sereis livres." (João 8:36)

Jesus prometeu libertar todo aquele que se achegar a Deus através dEle. Esta libertação, porém, não é uma mágica. É algo verdadeiro, real e com propósito. Quando você recebe a Cristo, a vida eterna é gerada dentro de você através da fé. E esta semente de vida transformada precisa nascer e se desenvolver. Seja perseverante, você precisa de paciência e de tempo para Deus trabalhar na tua vida, pois é da vontade dEle que você cresça com robustez, sabedoria espiritual e força, para se tornar uma pessoa experiente, aprovada e madura na fé. Não caia nas armadilhas de pregadores mágicos que prometem o Céu Instantâneo para as pessoas. Jesus disse que Ele é o caminho, certo? Então é evidente, irmão, que todo caminho tem uma determinada distância e precisa ser percorrido passo por passo e, logicamente, até o fim! Você nem pensou nisto não é mesmo! Então, amado, prossiga no caminho, crescendo no conhecimento de Deus através do ouvir, da leitura e meditação na Sua Preciosa Palavra. A libertação é real, e se faz possível de alcançar, mas ela vem somente pelo conhecimento da verdade.

Busque a verdade, e prossiga em conhecê-la passo a passo, não somente pelo ouvir, mas também pelo viver experiencial diário na presença do Senhor. Jesus prometeu que todo aquele que se dispor para o seguir com fidelidade será contemplado pela dádiva da salvação e da completa libertação. É assim que o poder de Deus começará a se manifestar em você de forma visível. E perseverando firme na fé e em oração, crendo na vitória diante de toda circunstância que se apresentar, você começará a experimentar o crescimento, a alegria da salvação e a graça da libertação espiritual no teu caminhar e viver na presença do Eterno Pai.

"E, tendo-se retirado os mensageiros de João, começou a dizer à multidão acerca de João: Que saístes a ver no deserto? uma cana abalada pelo vento? Mas que saístes a ver? um homem trajado de vestes delicadas? Eis que os que andam com preciosas vestiduras, e em delícias, estão nos paços reais. Mas que saístes a ver? um profeta? Sim, vos digo, e muito mais do que profeta."
(Lucas 7:24-26)

Profeta e vida regalada não combinam! E tem mais: Lugar de profeta é no Deserto (isto é, uma vida resignada), com a vida entregue e separada do mundo para Deus. Se você quer a glória do profeta, tem que ter também o preço!

44. Imagem do Todo-Poderoso

"O qual é imagem do Deus invisível, o primogênito de toda a criação;" (Colossenses 1:15)

Deus, Aquele que criou tudo, tem um Filho, gerado do Seu Ser conforme a Sua Exata Imagem e Semelhança. Não criado, mas gerado dEle, conforme a exata imagem e expressão do Seu Todo-Poderoso e Eterno Ser. Este Seu Filho é Jesus Cristo Nosso Senhor, Filho de Deus e Filho do Homem, que se fez homem, que se fez carne por amor ao mundo para morrer pelos nossos pecados para que por meio dEle sejamos salvos da corrupção, sejamos regenerados e tenhamos a Vida Eterna. Todas as criaturas de Deus, os seres celestiais que habitam na eternidade são também chamados filhos de Deus, porém são nascidos todos pelo Sopro da Sua Boca e não ainda gerados do Seu Próprio Ser. Mas Jesus é o Filho Unigênito de Deus, gerado do Coração do Onipotente Pai conforme o Seu Poder e Sua Glória antes mesmo de existir sequer eternidade.

"Porque os que dantes conheceu também os predestinou para serem conformes à imagem de seu Filho, a fim de que ele seja o primogênito entre muitos irmãos." (Romanos 8:29)

O mistério de Deus é que agora todos, dentre os homens que creem no Testemunho da Sua Verdade, através de Seu Filho, agora também são não somente criaturas, mas também filhos gerados e nascidos de Deus na Pessoa de Jesus Cristo. Certamente que não iguais, mas porém destinados a serem semelhantes ao Filho, no dia da manifestação do Reino dos Céus, todos os que o confessarem publicamente e permanecerem fiéis na fé até o fim, renascidos em espírito desde hoje e possuindo a mesma essência da natureza de vida eterna e incorruptível de Deus.

45. Promessa Infalível

"EIS que a mão do SENHOR não está encolhida, para que não possa salvar; nem agravado o seu ouvido, para não poder ouvir." (Isaías 59:1)

"Porque eu bem sei os pensamentos que tenho a vosso respeito, diz o SENHOR; pensamentos de paz, e não de mal, para vos dar o fim que esperais." (Jeremias 29:11)

O Senhor é um Deus de justiça, que experimenta e prova o justo, para que a Sua Verdade e a Sua Justiça sejam reveladas, e resplandeça a Sua Glória sobre a vida de todos os que o temem. Mas o Senhor é um Deus de Prosperidade, de Abundância e de Paz. Saiba que em todo o processo de Fé em que Deus está tratando e treinando você, o fim que Ele deseja para todos os Seus filhos é sempre de Prosperidade, de Vida e de Paz. O Senhor é Sábio, e Ele conhece o caminho para o Bem Final de todos os que nEle esperam. Como diz a escritura: *"Em tudo dai graças" (1 Tessalonicenses 5:18).* Um dos grandes segredos para a vitória na vida do crente é a submissão à vontade de Deus. Dê graças, jamais reclame, jamais blasfeme ou ponha a culpa nos outros. Confie na Palavra de Deus e nas Suas Infalíveis Promessas. Confie no Caráter Íntegro e Imutável do Senhor. Deixe o tempo da cura e da libertação trabalhar. A tua alma está sendo educada para viver em dimensões superiores. Suportar aflições por amor à justiça e à verdade é agradável a Deus, não porque Ele quer te fazer sofrer, mas para que o Seu Poder Soberano de Salvação e a Sua Glória resplandeça sobre os que Lhe pertencem pela Confirmação da Sua Eterna Verdade.

Confesse a vitória de Deus, confesse a vitória de Jesus que no plano da eternidade já se consumou para sempre, na cruz, sobre todos os poderes das trevas. E você é participante desta vitória, que foi por todos os que creem e se sujeitam a Deus. Os sofrimentos dos justos são sementes para a manifestação do Poder e da Glória de Deus. Se você exercer Submissão, Obediência e Paciência na Fé as Promessas de Deus começarão a alcançar a tua vida de maneira tão grandiosa e tremenda que o Nome do Senhor será exaltado através de você e todos saberão que Ele é Deus, Fiel e Verdadeiro, e que não há outro que possa salvar senão o Senhor. Se você permanecer fiel durante as Provas de Fé que todos os Eleitos da Salvação têm que vencer, o final que Ele tem para você será infalivelmente e sempre de prosperidade, de vida e de paz, não primeiramente de riquezas terrenas, mas prosperidade espiritual e verdadeira, a realização, a plenitude e libertação interior, o abrir dos olhos do coração para as dimensões celestiais e entrada para o Reino Interno de Deus, que nada e ninguém no mundo pode comprar, e que são num sentido muito superior, liberdade e paz verdadeira, existência em poder e salvação da alma, que você recebe desde hoje e que durará para sempre, e que não tem nada com as riquezas e prazeres temporários que este mundo oferece.

"Bendito o Deus e Pai de nosso Senhor Jesus Cristo, o qual nos abençoou com todas as bênçãos espirituais nos lugares celestiais em Cristo;" (Efésios 1:3)

Jesus trabalha com paciência. Com paciência mas Nunca Falha!!!

46. O Livro Vivo

"Porque a palavra de Deus é viva e eficaz, e mais penetrante do que espada alguma de dois gumes, e penetra até à divisão da alma e do espírito, e das juntas e medulas, e é apta para discernir os pensamentos e intenções do coração." (Hebreus 4:12)

Você já ouviu falar da Palavra Viva e do Livro Vivo? A Palavra que sai da boca de Deus é a Palavra Viva, que tem poder para criar, salvar, instruir, curar, libertar, santificar, purificar, vivificar, iluminar, fortalecer, consolar, alegrar, orientar, esclarecer, trazer paz, dar discernimento, trazer vitória, quebrar barreiras, quebrar maldições, destruir cativeiros, destruir sofrimentos, destronar as forças das trevas e trazer o Céu até a Terra. Quando você ouve de um fiel mensageiro, ou quando você lê, a Palavra Viva está te libertando e trazendo salvação para a tua vida. Quando você estiver ouvindo, ou quando estiver lendo o Livro Vivo em tuas mãos, preste a mais solene reverência e atenção, pois o Amor da Luz e da Verdade que traz a Vida de Deus está sendo transmitido para você.

"Examinais as Escrituras, porque vós cuidais ter nelas a vida eterna, e são elas que de mim testificam;" (João 5:39)

A Palavra de Deus é a Luz da Verdade Imanente e a Árvore da Vida Escondida, que revela seu fruto àqueles que a buscam persistentemente. Quem comer desta Árvore terá a Vida Eterna. Disse Jesus: *"Tenho-vos dito isto, para que em mim tenhais paz; no mundo tereis aflições, mas tende bom ânimo, eu venci o mundo." (João 16:33)* e *"odiados de todos sereis por causa do meu nome; mas aquele que perseverar até ao fim, esse será salvo." (Mateus 10:22)*

47. Obreiro Provado

"Desde então começou Jesus a pregar, e a dizer: Arrependei-vos, porque é chegado o reino dos céus." (Mateus 4:17)

O que capacita alguém para a pregação é a autoridade, como é o primordial modelo de todos, o próprio Senhor. O Senhor chamou a todos os Seus discípulos, todos os que o seguem para pregar as Boas Novas da Salvação, mas não é qualquer um que pode pregar, e nem de qualquer maneira. A autoridade provém de o pregador ter passado por um forte processo de provações de fé, de perseverança, paciência, de fidelidade, obediência e principalmente de testemunho vivencial na presença de Deus. Para se pregar o Evangelho, o pregador precisa ter o Testemunho do Evangelho na própria vida! Não é brincadeira. Se você ainda não teve um encontro de poder e um processo de aprendizado espiritual com Deus, e se ainda não teve a vida transformada pelo Evangelho, você ainda não pode sair pregando por ai! Neste caso, comece pacientemente a caminhar com Deus e a crescer no Conhecimento dele, deixando Ele entrar em todas as áreas da tua vida, passo a passo, através da obediência contínua e progressiva da Sua Palavra, praticando-a com entendimento, etapa por etapa, para que o Testemunho da Verdade comece, dia após dia, a nascer dentro do teu coração, e a Luz da Presença do Senhor comece a fulgurar na tua vida. Deixe Deus trabalhar na tua vida, creia e viva o Evangelho, comece a mergulhar nas dimensões benditas do Seu Conhecimento, e nas profundezas transformadoras da Nova Vida Interior que Ele te dá em Cristo, sempre abraçando a comunhão e a união maior com os demais irmãos na fé, e crescendo junto com eles.

Deixe Jesus te mostrar o Seu Poder Invencível, real e transformador. Entregue o teu coração completamente para Ele. Confie todos os teus temores e angústias nas Suas benditas mãos. Saiba que Ele trabalha com paciência. Com paciência, mas nunca falha! Não se angustie por causa do ritmo desesperado deste mundo, Ele tem uma Eternidade para você. Deixe o Senhor gerar o Testemunho da Verdade na tua vida, passe pelo processo infalível de Deus das Provas da Fé, e então, pelo Espírito Santo, você será cheio de poder para viver e transmitir a Sua Palavra, destemidamente e com plena fé, para o mundo, e a tua vida brilhará como o Sol para todos ao teu redor.

Queridos irmãos, por causa desta fase de angústia, sombra de morte e tribulação que estamos passando, convoco a todos vocês a cada um em sua Igreja a fazer um ato profético, a declarar, confessar e tornar conhecido o Nome do Deus Elohim, aquele que está no Controle, e nunca jamais perdeu ou perderá O Controle de Tudo, nos Céus, na Terra e em todo lugar. A declarar em unidade mais uma vez que Cristo já venceu todo o mal para sempre e em breve o Reino de Deus se manifestará, e que todo joelho se dobrará, e toda língua confessará que Jesus Cristo é o Senhor para a Glória de Deus Pai. E nenhum plano diabólico nunca jamais vencerá nem será maior do que o Poder de Deus Elohim nosso Pai. Que do Senhor Nosso Deus é o Reino, o Domínio, a Força, o Poder, a Honra e a Glória para todo o sempre. E que o Reino de Deus já é vindo entre os salvos e muito em breve Jesus Cristo voltará.

48. Profetas Debaixo da Graça

"Porque a lei foi dada por Moisés; a graça e a verdade vieram por Jesus Cristo." (João 1:17)

"E, se o ministério da morte, gravado com letras em pedras, veio em glória, [...] Como não será de maior glória o ministério do Espírito?" (2 Coríntios 3:7, 8)

Os profetas do antigo testamento profetizavam debaixo do juízo da morte, entendendo que estavam submetidos à total julgamento divino, em sacrifício absoluto e sem perdão para falhas, mesmo que foram santos servos de Deus, pois as exigências da velha aliança e o estado do mundo ainda em totais trevas assim o exigiam. Com a manifestação plena de Cristo e a Consumação da Obra da Redenção, o povo de Deus, entre todos os que aceitam a Salvação pela Fé, passou a viver debaixo da Aliança da Graça, no Sangue de Jesus. Os profetas do novo testamento ministram debaixo do Juízo da Graça. Não estou dizendo que agora tenham direito de errar, mas o peso da morte já foi tirado por Jesus, e a Igreja vive debaixo do Reinado da Graça, onde o Evangelho da Paz e a Vitória Eterna e já consumada do Senhor são anunciados não para condenação, mas para o perdão, a salvação, a cura e libertação de todos os que creem. Não para condenação, senão dos rebeldes e incrédulos contra o Evangelho de uma tão sublime e grandiosa Obra de Salvação. O profeta do novo testamento também pode julgar e advertir, mas com a finalidade sempre no sentido de instruir e salvar, e não para provocar contendas, destruição e desesperança para a Igreja.

O profeta da Nova Aliança é membro e está dentro da Igreja, está sob o senhorio de Cristo, pelo Espírito Santo, debaixo da autoridade dos apóstolos e ainda está sujeito à Palavra Escrita, debaixo dos mandamentos de Cristo, e dos primeiros apóstolos e profetas. É um ministério preparado, chamado e dado por Deus, através do Espírito Santo, para a edificação da Igreja. Lembrando que Deus não entrega profetas ou qualquer dos cinco ministérios maiores (Efésios 4:11) sem uma vida de bom testemunho e prova de Fé do obreiro aprovado (2 Timóteo 2:15).

Você quer o segredo da felicidade? O Segredo da Felicidade em essência só Jesus tem, irmão(ã)! Mas uma coisa posso te dizer: A humildade e o reconhecimento da nossa miserável fragilidade, o sepultamento do egoísmo, reconhecendo que precisamos todos sempre da ajuda uns dos outros como sociedade humana organizada, a nossa pequenez e carência desesperada da constante providência de Deus como seres pecadores necessitados de perdão diário e mortais que precisam da geração ininterrupta da energia do sol e ar para respirar, reconhecer somente a nossa pequenez e fragilidade para poder olhar para o céu e valorizar o próximo com agradecimento todos os dias já é o início do caminho para a Realização Espiritual.

49. Vencedores pela Graça

"Separados estais de Cristo, vós os que vos justificais pela lei; da graça tendes caído." (Gálatas 5:4)

As pessoas envolvidas nas paranoias das pseudo "Batalhas Espirituais" e falsos "Chamados Proféticos" são depressivas, amargas e cheias de culpa. Têm complexo de inferioridade, necessitam de reconhecimento e de chamar atenção para a sua "superior" espiritualidade nos outros o tempo todo. É nestas lavouras que surgem os famosos profetadores (falsos profetas). Não se comunicam, tem os sentimentos e as emoções sacrificados "no altar". Eles transmitem um juízo de infalibilidade tão mortal, e tão sobre-humano que causam depressão nos que os ouvem. Eles são os verdadeiros fariseus que vivem e tentam se justificar no Jugo da Lei de Moisés que, na questão do julgamento, era sem perdão e sem misericórdia. E pasmem, é com esse mesmo juízo que eles julgam as pessoas. E quando se tornam "profetas", amados irmãos, Santa Misericórdia, é o Juízo Final antecipado sobre os pecadores. São tão separados da raça humana, da própria mortalidade e humanidade, e tão cruéis e proibidos com a própria vida, tão cheios de justiça própria que não conseguem mais enxergar a Graça, a Bondade e o Perdão de Deus, nem mais serem sensíveis a dor alheia para amar aos irmãos e ao próximo. São tão "santos" e "separados" que não se permitem mais nem mesmo ter alegria de viver para si.

Deus tenha misericórdia destes irmãos, eles precisam dobrar o seu orgulho na Cruz e abrir os olhos "espirituais" para a Palavra de Deus em Gálatas 2:16: *"Sabendo que o homem não é justificado pelas obras da lei, mas pela fé em Jesus Cristo."* e Efésios 2:8: *"Porque PELA GRAÇA sois salvos, por meio da fé; e isto não vem de vós, é dom de Deus".* Os Verdadeiros Profetas continuam existindo no Novo Testamento, chamados dentro do Ministério da Igreja, e a Vida Espiritual é uma realidade, e também as manifestações sobrenaturais do Poder de Deus, mas agora estamos debaixo da Nova Aliança, a Aliança de Jesus, que trouxe à luz a Vida Eterna e a Salvação sobre todos os que creem, segundo as promessas das Escrituras, e debaixo da Dispensação da Graça, para a qual temos acesso através da Fé no Filho de Deus, que por meio da Sua morte sacrificial e obra expiatória por nós na Cruz nos deu Vida, por meio da Sua Vida e Justiça Perfeita que foram creditadas e transferidas para nós que aceitamos o Seu Testemunho, sendo regenerados, justificados e salvos para uma Viva Esperança de Salvação, se tão somente permanecermos firmes e fundados na Fé até o fim.

"Se retive o que os pobres desejavam, ou fiz desfalecer os olhos da viúva, Ou se, sozinho comi o meu bocado, e o órfão não comeu dele[...] Então caia do ombro a minha espádua, e separe-se o meu braço do osso. Porque o castigo de Deus era para mim um assombro, e eu não podia suportar a sua grandeza." (Jó 31:16)

Preste atenção nestes versículos. Jó preferia ter a espádua caída do ombro e o braço separado do osso do que praticar injustiça contra os pobres e necessitados que dele precisavam.

Parte 2

50. O Combate pela Fé

"Amados, procurando eu escrever-vos com toda a diligência acerca da salvação comum, tive por necessidade escrever-vos, e exortar-vos a batalhar pela fé que uma vez foi dada aos santos." (Judas 3)

Queridos irmãos, o único combate que o cristão precisa combater é o Combate da Fé, o de manter uma vida de obediência e submissão a Deus, de perseverança e serviço na fé. Esteja atento sobre as paranoias das "Batalhas Espirituais" abusivas muito praticadas por ai. Os chamados "pactos com Deus" que vão além da Aliança de Cristo, através do seu sangue, que é o único e suficiente pacto estabelecido que existe para os salvos para sempre. Lembre-se claramente que os únicos agentes de poder para lutar de fato nos lugares espirituais por nós são os exércitos dos poderosos anjos do Senhor. Você luta nos lugares celestiais em Cristo, sim, como dizem as Escrituras, e contra principados, potestades e poderes das trevas, mas esta luta é e sempre será no Campo da Fé, é conhecendo e obedecendo a Palavra de Deus em prática vivencial diária, é em oração e súplicas ao Senhor para que Seus propósitos se cumpram, e vivendo uma vida Reta, de obediência e Bom Testemunho, suportando com paciência e vencendo as provas da fé e promovendo a pregação do Evangelho para a Salvação de Almas. É expulsando demônios e curando enfermos pelo Poder do Nome de Jesus e pelo Espírito Santo. Tudo é no Campo da Fé. Se você vive em oração, OBEDECE à Palavra de Deus e prega o Evangelho, você está lutando o bom combate da fé e a verdadeira batalha espiritual, e está combatendo as forças das trevas pela liberação do poder de Deus que acontece através do teu Testemunho de Fé.

A armadura de Deus (Efésios 6:11) está descrita claramente como símbolo das virtudes que devemos possuir para este combate. Crer na salvação é ter o "capacete", praticar a justiça é ter a "couraça da justiça", ter conhecimento e saber manejar a Palavra de Deus é a "Espada do Espírito", Perseverar na Fé é ter o "Escudo da Fé", ter ciência e conhecimento da Verdade que está na Palavra de Deus é estar cingido com "o Cinturão da Verdade", e ter conhecimento do Evangelho da Salvação, estando pronto para pregar pelo poder do Espírito Santo é ter "As Sandálias da Paz". Veja o que Paulo disse a Timóteo*: "Milita a boa milícia da fé," (1Timóteo 6:12)*. Lutamos sim, até contra demônios, mas isto é ATRAVÉS DA FÉ! Além disto são forças e poderes que não competem a nós tratar. Não vire um semideus santo extraterrestre lutando DIRETAMENTE com forças diabólicas que não cabem à você, fazendo rituais estranhos que poderão te gerar doenças psicossomáticas e até te envolver na prática da feitiçaria inconsciente, misericórdia! Expulse os demônios, mas pelo Nome de Jesus através do Espírito de Deus! Você sozinho não tem poder nenhum e não pode fazer nada, meu querido! Você depende de Jesus, a Videira, e você é apenas o ramo que deve obedecer aos mandamentos do Senhor e permanecer na dependência da intervenção dEle. Sem Jesus nós não podemos fazer nada! A parte dos milagres, do poder sobrenatural e da destronação dos demônios, por poderosos que sejam, meu amado irmão e irmã, não se atravesse, é por conta e somente por conta de Deus e dos Seus poderosos exércitos invencíveis de Anjos!

"Cantai ao Senhor em toda a terra; anunciai de dia em dia a sua salvação." (1 Crônicas 16:23)

51. Dom Incomparável

"E disse-lhes: Acautelai-vos e guardai-vos da avareza; porque a vida de qualquer não consiste na abundância do que possui." (Lucas 12:15)

"Ninguém pode servir a dois senhores; porque ou há de odiar um e amar o outro, ou se dedicará a um e desprezará o outro. Não podeis servir a Deus e às riquezas." (Mateus 6:24)

Queridos irmãos, tenho que dizer uma verdade que é um tanto assustadora para muitos, preste atenção: A VIDA NÃO JAZ NO DINHEIRO! A vida é um dom supremo provindo de Deus. Você nunca encontrará ela dentro de nenhum de todos os tesouros que possam existir no mundo. Então o quê? Vou parar de trabalhar e morrer de fome? Não, irmão. É a simples verdade de que o dinheiro não é o transportador, é apenas um dos instrumentos servos para a vida, e não o senhor dela! A verdadeira vida está no conhecimento e no abrir dos olhos espirituais do interior do coração para a existência indestrutível da verdade. Jesus Cristo é o Verbo de Deus e a Verdade, a Vida que sustenta e move o Universo, a Terra e o Céu. A sabedoria é algo que traz vida, através do conhecimento do Senhor, e trazendo vida, também é capaz de trazer todas as outras coisas necessárias para você, até mesmo riqueza, que é primeiramente interior, e honra. O Temor do Senhor é o princípio da sabedoria. A Palavra de Deus tem poder para te dar uma vida vitoriosa, com sentido e propósito.

Busque em primeiro lugar o Reino de Deus e a Sua Justiça, no lugar em que você estiver, e todas as demais coisas necessárias serão acrescentadas para você. Viva, interaja com as pessoas, estude, desenvolva o teu conhecimento e habilidades pessoais, trabalhe com esforço e boa disposição, seja um instrumento de bênção e luz para todos, mas coloque Deus e o Seu Reino Superexistencial no trono do teu coração, em primeiro lugar, e Ele então cuidará de você, e realizará na tua vida todos os maiores projetos e sonhos que você jamais poderá ter imaginado.

"Disse Eliseu: Tão certo como vive o Senhor dos Exércitos, em cuja presença estou, se eu não respeitasse a presença de Josafá, rei de Judá, não te daria atenção, nem te contemplaria. Ora, pois, trazei-me um tangedor. Quando o tangedor tocava, veio o poder de Deus sobre Eliseu."
(2 Reis 3:14, 15)

Músicos, não basta apenas tocar bem, você tem que ter bom testemunho na Fé e ser cheio do Espírito Santo. Você tem que ser o primeiro para participar da consagração, dos cultos de oração e da escola dominical. Você é levita e linha de frente no trabalho de Deus, instrumento para atrair a presença dEle e onde muitas vezes é através de você que Ele opera. Se consagre e viva em santidade, como todo verdadeiro cristão tem que fazer! E só uma ressalva: Se precisar varrer a calçada da igreja e limpar bancos, não pense que você não tem que ser o primeiro a ajudar! Seja um exemplo na Fé!

52. Salvação Gratuita, Justiça Somente de Cristo

"Porque todos pecaram e destituídos estão da glória de Deus; Sendo justificados gratuitamente pela sua graça, pela redenção que há em Cristo Jesus." (Romanos 3:23). "Se, pois, o Filho vos libertar, verdadeiramente sereis livres." (João 8:36)

Pecado é escravidão. Quem peca se submete à escravidão. A incredulidade é o braço do pecado. Obediência e Fé são liberdade. A liberdade é o oriente da justiça. Porque o homem vive no pecado e na escravidão? Porque ele quer! Ele acha o pecado atraente e desejável, o serve e dá sangue para ser escravo dele. Por quê? Porque o homem não gosta do dom da vida, que provém de Deus, rejeita a vida e luta ferozmente para estar no caminho da destruição. Ele quer ser escravo e morrer, porque ele se acha muito justo. Ele não gosta da verdadeira vida, da liberdade e da luz. A Bíblia diz que todos, absolutamente, pecaram, e por isto estão separados da Glória de Deus. Deus ama a todos aqueles à quem Ele criou, e lhes concede da sua graça, providência, proteção, amor, instrução, vida, misericórdia e luz em medida generosa, superabundante e transbordante. Mas o homem não quer viver, ele quer ser escravo e morrer. Por quê? Tudo jaz no antigo fato de o homem querer ser mais justo do que Deus, a criatura mais justa do que o Seu Criador, o barro mais sábio do que o seu Oleiro e o machado mais entendido do que o ferreiro, que o fez. Esta é a raiz do pecado de Adão, este foi o pecado do Antigo Anjo e o pecado da geração atual, que não quer conhecer o Amor do Senhor e todos se acham mais justos do que o Todo-Poderoso Pai que a tudo criou, e que deu existência a todo ser que respira.

O homem não quer a salvação porque ela é um dom de Deus impossível de se comprar, porque é de graça, pela fé, e não reclama nenhum mérito do homem! Porque Deus é bom, e porque ele é justo, e o homem não quer admitir o seu miserável estado de corrupto pecado e de perdição. Não quer se desfazer do seu insignificante ego morto e dos seus méritos microscópicos. Porque Deus é bom, e nos salva não pelos nossos méritos, mas pela sua graça, através de Jesus Cristo, seu Filho, o único que cumpriu a justiça absoluta, e que, como homem, viveu a única vida perfeita que era possível entre nós, e tendo-a vivido, sacrificialmente a entregou para salvar a todos os que o recebem pela fé, olhando para o Criador por um segundo sequer de suas vidas, se dobrando, abrindo mão dos méritos próprios e aceitando a Justiça da Vida Perfeita e Eternamente Justa de Jesus.

"Não temas, porque eu sou contigo; não te assombres, porque eu sou teu Deus; eu te fortaleço, e te ajudo, e te sustento com a destra da minha justiça." (Isaías 41:10)

Meu irmão e irmã, por mais que as trevas tentem sufocar a tua fé, tenha bom ânimo e levante a cabeça. Nós servimos a um Deus que tem todo o poder nos Céus e na Terra, que é Fiel e Verdadeiro, que nunca falha e jamais falhará na vida de quem confia no Seu Nome segundo as Suas grandiosas e muito Fiéis Promessas, na operação da Sua Soberana vontade e do Poder da Sua Destra gloriosa de Salvação que nunca jamais poderá ser impedida e que nos traz sempre a vitória pela Fé por meio de Nosso Senhor e Salvador Jesus Cristo.

53. O Coração no Reino de Deus

"E o sétimo anjo tocou a sua trombeta, e houve no céu grandes vozes, que diziam: Os reinos do mundo vieram a ser de nosso SENHOR e do seu Cristo, e ele reinará para todo o sempre." (Apocalipse 11:15)

"Quem ama a sua vida perdê-la-á, e quem neste mundo odeia a sua vida, guardá-la-á para a vida eterna." (João 12:25)

Se você soubesse com toda a certeza e garantia que daqui a cinquenta dias você iria receber um prêmio de 1(um) milhão de dólares, você aceitaria largar tudo o que tem para poder assegurar este prêmio? Pois então, meus irmãos, é assim e muito mais a perfeita realidade da promessa que Deus nos fez através de Cristo, a promessa da vinda do seu Reino Eterno e Infindável de Luz. Esta promessa é para todos aqueles que aceitam a Sua Palavra de Vida e de Salvação em seus corações. Este mundo passa, ele continua cheio de violência, de ódio, de sofrimentos e de morte. Este mundo é uma tremenda ilusão para enganar e destruir todos aqueles que rejeitam a obra da salvação de Deus, que nos ama da maneira mais sublime que possa existir. Jesus disse: *"No mundo tereis aflições, mas tende bom ânimo, eu venci o mundo." (João 16:33)*. O que vemos então? Sim irmão, NÃO É para você colocar o teu coração neste mundo, simplesmente.

Este mundo existe não para ser amado, mas para ser VENCIDO!!! E isto só é possível para aquele que crê no Filho de Deus. O que temos aqui nesta Terra, não é nada mais que um grande conflito envolvendo os Céus e os poderes tenebrosos do Reino da Destruição. Você não pode amar este mundo (1 João 2:15). Todo este sistema iníquo que existe hoje está destinado à total derrota e destruição, pelo poder dos Céus. Você não pode colocar o teu coração nas coisas deste mundo, e ainda mais, nem ainda amar a tua própria vida terrena, no que diz respeito às glórias e prazeres passageiros daqui. Por isto, irmão, viva sim, mas viva PELA FÉ, lutando contra o mal. Viva negando o orgulho, o direito individual e a busca dos interesses próprios. Viva no Temor a Deus, obedecendo, testemunhando e pregando a Sua Santa Palavra. Viva amando ao próximo, e doando sempre tudo de si em favor dos irmãos na fé. Viva de maneira mansa e quieta, trabalhando com humildade e dignidade, sempre que possível, para que você possa ter tranquilidade e ajudar a quem precisa. Viva dando bom testemunho nos caminhos de Deus diante de todos, para que a Sua Palavra não seja manchada. Enfim, viva como um ressuscitado e redimido, na dimensão da nova vida que Cristo conquistou para você, liberto de todo pecado e da vil corrupção entranhada neste mundo. Viva o Reino de Deus HOJE, pois o mesmo já se encontra DENTRO de você! Viva o sobrenatural e tenha sempre a jubilosa visão da glória de Deus, que há de se manifestar e se fazer admirável em todos os que creem.

A mensagem que quero te transmitir é esta: Este mundo é apenas uma Fase de Duros Testes ingratos a serem sofridos, embora não desmedidos, para gerar o Testemunho da Salvação, a comprovação da fé diante de Deus, a prova que glorifica e exalta o Seu Santíssimo Nome. Não é para você colocar algo tão precioso como o teu coração num mundo probatório, que está sendo destruído e derrotado. Viva, sim, com temor, simplicidade e submissão ao Senhor, mas coloque o teu coração e exercite-o para que esteja na Esperança da Glória de Deus, e do Seu Reino, que em breve virá, no qual devemos firmemente colocar a nossa visão e firmar os nossos corações.

Raiz se cresce para baixo. Se você pensa que vai se fortalecer somente "subindo", amigo, abra os olhos.

54. Todo-Poderoso e Vivo

"Vive o Senhor, e bendito seja o meu rochedo; e exaltado seja Deus, a rocha da minha salvação," (2 Samuel 22:47)

"e como dos ídolos vos convertestes a Deus, para servir o Deus vivo e verdadeiro," (1 Tessalonicenses 1:9)

Deus é um Deus vivo. O Todo-Poderoso é um ser pessoal que, embora sendo Deus, possui uma vida própria. Ele é o Deus Único, o Criador de Tudo, porém Ele é Pessoal. Ele pensa, raciocina, vê, sente, julga, tem sentimentos, emoções, ama, deseja, anseia, se alegra, se satisfaz, se regozija, exulta, se entristece, se compraz, como também abomina as coisas sujas, despreza o mal e o pecado, se ira e odeia a perversidade. E ainda mais, Ele se sente amado e deseja ser amado, embora de livre vontade, ou até tem a capacidade de se magoar e ter ciúmes dos Seus escolhidos. Deus é um Ser Pessoal. Ele pensa por si próprio e tem sentimentos. É evidente que todas as Suas faculdades estão num grau infinito e impensavelmente maior do que as nossas. O Seu entendimento, a sua sabedoria, a Sua visão e o Seu Poder são de uma grandeza impronunciável. Contudo Ele é um Deus vivo, que tem uma vida própria. Ele se expressa, projeta, julga e ama as Suas Criaturas como um Ser Vivo, cheio de Amor e Pessoal, que pode se relacionar, falar e interagir com Suas Criaturas. Ele não tira o livre-arbítrio dos Seres que Ele criou. Ele pode se relacionar com aqueles a quem Ele também deu uma vida e tem as mesmas faculdades que Ele, em se tratando de consciência própria, capacidade de pensar, de raciocinar, de julgar, de sentir e de ser.

Quando você se relaciona com Deus, você está se relacionando com um Ser Pessoal, com uma pessoa, mesmo que Ele seja o Eterno Deus de Todo o Poder e Glória, o Criador, Ele é uma pessoa que pensa, que julga, que sente e que ama, embora num nível de grandeza indizivelmente maior. Se você quer se relacionar com Deus, você tem que tratá-lo como uma pessoa, com quem você pode interagir e conversar livremente, embora não devamos nos esquecer de que Ele é Deus, que nos deu a existência, que somos Criaturas, e Ele aquele que nos deu a vida, e o Temor que lhe é devido.

Deus te deu o livre-arbítrio, você pode tanto escolher amá-lo e justificá-lo, se sujeitando ao Seu Bendito Reino, como também pode escolher desprezá-lo, se assim você julgar, e Ele não irá te tirar o teu direito de livre escolha, e por justiça você também colherá as consequências dos teus próprios caminhos. Ele te deu o livre-arbítrio e não te tirará ele, mesmo se você estiver sofrendo as consequências daquilo que você escolheu, porque Ele é um Deus Fiel e Justo.

Ele é o Ser que possui uma vida, embora Ele seja o Dono de Todo o Poder, o Doador da Existência e da própria Vida de Tudo. Ele só pode se relacionar com as Suas criaturas e filhos através do livre-arbítrio, pois as possibilidades do Seu Poder e de todas as Suas existências são infinitas. Você pode conversar com Deus, em oração, e Ele certamente estará te ouvindo. Ele é Aquele que tem todo o poder para livrar e para salvar a todos os que se achegam a Ele, através de Jesus Seu Filho, pela Fé.

"porque o Pai procura a tais que assim o adorem." (João 4:23)

Se você acha inacreditável Deus procurar alguém, saiba que Ele se interessa pelas pessoas, e há um tipo de pessoa que Ele procura de forma muito especial: Os que o adoram em espírito e em verdade. Eles são motivo de grande alegria para o Pai, os desejados de Deus.

55. O Novo Adão

"E, respondendo o anjo, disse-lhe: Descerá sobre ti o Espírito Santo, e a virtude do Altíssimo te cobrirá com a sua sombra; por isso também o Santo, que de ti há de nascer, será chamado Filho de Deus." (Lucas 1:35)

"Assim está também escrito: O primeiro homem, Adão, foi feito em alma vivente; o último Adão em espírito vivificante." (1 Coríntios 15:45)

Jesus, sendo o Filho de Deus em espírito desde a eternidade, foi gerado de Deus também como homem pelo Espírito Santo, como o Novo Adão da Raça Humana. Ele foi gerado como homem, porém em perfeita santidade e justiça. Embora Ele seja também legítimo descendente de Davi, segundo as Escrituras, Ele foi gerado de forma sobrenatural, pelo Espírito Santo, e por isto Ele não herdou a natureza de pecado provinda de Adão, como todos nós no princípio herdamos. O Senhor foi enviado por Deus ao mundo para que por meio dEle sejamos salvos dos nossos pecados. Ele nasceu perfeito, santo e de semente incorruptível, e assim viveu até o fim, gerado de Deus como o novo Príncipe da raça humana. Nele não havia e nunca houve pecado. Ele é o Cordeiro de Deus que tirou o pecado do mundo tomando sobre si os nossos pecados e nos trazendo a Redenção através do Seu Sacrifício Perfeito, entregando a Sua Vida Inocente em nosso lugar para satisfazer a Justa Justiça de Deus contra o homem, que no princípio havia desprezado a Bondade, a Graça e a Vida Eterna em troca de nada, pela incredulidade e de livre vontade, desprezo pelo qual o pecado, a condenação e a morte entraram no mundo.

Ele se tornou apto para ser o Novo Príncipe da Raça Humana Redimida, espiritual e incorruptível, que agora nasce primeiro do espírito, e não da carne, que são dentre os que são salvos e gerados de novo para a Vida Eterna através da fé em Deus mediante o Seu Nome. O homem natural é o que nasce de Adão, o primeiro matriz da raça humana, de quem todos primeiramente nascemos, que é o nascimento natural, segundo a carne. O homem espiritual é o nascido de Deus, nascido do Espírito. Este é nascido através do novo Príncipe e Matriz da raça humana, Jesus Cristo Nosso Senhor, Filho de Deus e Filho do Homem. Os que nascem de Deus através dele são homens espirituais, renascidos e regenerados desde o espírito, em perfeita justiça e santidade, de semente e natureza incorruptíveis, uma vida que começa com um novo espírito desde hoje e vai evoluindo até a futura ressurreição também de um corpo glorificado, segundo o Senhor também ressuscitou. Ele foi perfeito, justo e santo. Ele se sujeitou à total justiça de Deus e foi o único que cumpriu integralmente a Lei de Moisés e a Justiça Eterna de Deus, sendo submisso e obediente até a morte, e morte de cruz, para a justificação e salvação de todo aquele que crê no Seu Nome pela Pregação do Evangelho da Verdade.

"perante aquele no qual creu, a saber, Deus, que vivifica os mortos e chama à existência as coisas que não existem." (Romanos 4:17)

Qual é o grande mistério do mundo? O grande mistério do mundo é a Fé que vê o invisível, muda a visão da realidade e transforma o impossível em milagre.

56. Solução Maior

"Porque também Cristo padeceu uma vez pelos pecados, o justo pelos injustos, para levar-nos a Deus; mortificado, na verdade, na carne, mas vivificado pelo Espírito;" (1 Pedro 3:18)

O Reino de Deus é primeiro interior e pertence a todos os que creem, os que andam nas pisadas da mesma Fé de Abraão. O Filho de Deus veio ao mundo para resolver o verdadeiro problema da humanidade: o pecado que traz a morte e a destruição. Tendo Ele vindo como um servo humilde e sofredor, mostrou a natureza de Deus através da Sua vida perfeita de obediência e submissão a Deus. E após nos trazer o Reino de Deus, manifestar a Sua glória e dar testemunho da verdade, entregou a Sua Vida como oferta suprema a Deus para salvar o mundo dos seus pecados. E tendo cumprido a justiça de Deus e vencido todas as coisas, ressuscitou vitorioso pela mão direita de Deus para a nossa justificação e salvação, a de todos os que creem no Seu Incontestável Testemunho da Vontade e do Poder Eterno de Deus.

"Tendo sido, pois, justificados pela fé, temos paz com Deus, por nosso Senhor Jesus Cristo;" (Romanos 5:1)

Sem Fé não há justificação, e sem justificação não há salvação. Obra nenhuma de mérito próprio pode salvar quem quer que seja. Somente a Fé pode produzir justiça para a Salvação, baseada unicamente na justiça e no mérito perfeito de Cristo.

57. Verdadeiro Prêmio

"Mas o justo viverá pela fé; E, se ele recuar, a minha alma não tem prazer nele." (Hebreus 10:38)

O Mundo é organizado e existe de uma maneira que sem a Fé, sem a Paciência e sem a Intervenção Miraculosa de Deus você não consegue nada e não vence em absolutamente nada! Você pode até conseguir algo por um tempo mentiroso e ter um falso sucesso sem Deus, mas pode saber que aí tem um pedaço marcado da Unha do Diabo, e o Inimigo rapidamente vai tomar com a mão esquerda o que deu com a direita, isso se não lucrar tirando você do Caminho da Verdade. Tudo tem que ser pela Fé. Busque as coisas do alto, busque a Vida e as Riquezas Eternas do Reino de Deus. Todas as demais coisas que você precisar de verdade aqui o Generoso Pai no devido tempo te providenciará com sobra. Passe pelos Testes de Fé e Provas de Obediência, pois Ele quer tratar o teu Coração Primeiro! O maior prêmio que uma pessoa pode ter é o Coração Curado e Restaurado. Você só pode viver aqui se aprender o Conhecimento da Luz e a depender da Providência de Deus. Cada vitória, cada providência, cada conquista e cada livramento é somente debaixo de muita fé e oração. Tem que ser tudo no altar da obediência, da oração e da dependência de Deus. Não significa que Ele quer negociar e fazer comércio com ninguém, mas Ele quer ver a tua fé. Ele trabalha com paciência, mas tudo Ele recompensa com grande generosidade e nunca falha. Não abandone a Fé, a Esperança e o Amor do Eterno Pai! A Colheita da Fé e da Perseverança infalivelmente chegará! Busque em primeiro lugar as coisas que duram para sempre!

58. O Cordeiro de Deus

"No dia seguinte João viu a Jesus, que vinha para ele, e disse: Eis o Cordeiro de Deus, que tira o pecado do mundo." (João 1:29)

Você não pode viver neste mundo sombrio, de conflitos e disputas, sem adquirir o conhecimento espiritual a respeito da verdade do que está acontecendo aqui. Você não pode entregar o teu coração para o mundo, nem investir a tua vida na busca das riquezas e prazeres passageiros deste tempo presente. Este mundo é um mundo caído, porém foi contemplado pelo amor de Deus e está em processo de redenção e salvação. Há duas forças combatendo numa disputa mortal pelo coração da humanidade, e de cada pessoa que nasce aqui individualmente. O plano de Deus para você é para que você seja salvo, vença o Combate da Fé e tenha vida em abundância através de Jesus Cristo Seu Filho. Mas você precisa começar entendendo que este mundo não é para ser amado, aqui é um lugar de um Grande Conflito Espiritual, e um Estágio Passageiro para ser Travado um Decisivo Teste de Fé para cada pessoa que adentra nesta Dimensão que é um Campo de Provas e Experimento Divino para a Manifestação da Fé e da Verdade nos Corações.

O grande problema do mundo não é o sofrimento, nem a injustiça, e nem mesmo a morte. O grande problema do Mundo é o Pecado! O grande mal que no princípio adentrou na humanidade através de Adão, corrompeu todos os seus descendentes e trouxe todo tipo de calamidade, de dor, destruição e miséria, terminando na morte. A Justiça de Deus foi cumprida quando Ele entregou tudo para Adão, e este desprezou a proteção divina em troca de uma oferta mentirosa que não aproveitaria para nada. A bondade, a proteção, a providência, a felicidade, a graça e a vida plena de Deus foram desprezadas. A Justiça de Deus foi ferida. Não havia nada a ser feito para o homem senão entregá-lo à sua infeliz escolha: a pena da morte e da destruição. Mas foi exatamente ali que Deus anunciou um Plano de Salvação que havia sido determinado desde antes da Fundação do Mundo, a Providência de um Substituto, para morrer pelos pecados do mundo e salvar a todos quantos aceitassem a Oferta da Sua Graça. Quando os anjos e as miríades do Céu conferenciaram entre si, não encontraram ninguém digno de descer ao mundo e resgatar o homem. Então houve lágrimas nas pálpebras da Criação e dos Universos Superiores. Mas eis que Deus amou o mundo de tal maneira, que deu o Seu Filho Unigênito, para que todo aquele que nEle crê não se perca, mas tenha a Vida Eterna. Deus nos enviou a Jesus, seu Filho Amado, para que então, por fim, sejamos salvos e tenhamos a vida eterna.

Jesus, o Cordeiro de Deus, veio a este mundo caído, e encontrou um lugar cheio de sofrimentos, de tristezas, de incredulidade, de ódio e de escravidão. Tendo ele nascido em carne, integralmente homem, porém santo e perfeito, pelo Espírito Santo, e sendo também totalmente Deus, era competente para substituir o homem no Justo Juízo de Deus para o pecado, que havia tomado o mundo, juízo este que é a morte, e assim trazer a Salvação a todos dentre os que foram Eleitos, aqueles que o recebem humildemente pela fé em seus corações. Jesus viveu a vida perfeita, anunciou o Evangelho da Paz ao mundo e deu início ao Reino Interior de Deus sobre os que creem. E tendo consumado o Testemunho da Verdade, entregou a Sua Vida como oferta de expiação a Deus, derramando o Seu Imaculado Sangue e sofrendo por nós, e em nosso lugar, o Justo Julgamento do Pecado: a Morte, assim satisfazendo o Justo Juízo Eterno da Ira de Deus, em Seu Corpo, em nosso lugar. Ele é o Cordeiro Sacrificado de Deus, Inocente, Imaculado, Puro e Santo, que tirou o Pecado do mundo.

E após consumar todas as coisas, e ter cumprido a Palavra de Deus, e tendo vencido todos os poderes de todos os principados, potestades, domínios espirituais e tronos, e aniquilado o pecado pelo Seu Sacrifício Perfeito, tendo obtido a expiação dos pecados do mundo, e consumado Redenção Perfeita, ressuscitou Vitorioso sobre a Morte para a nossa Eterna Justificação. E eis que Ele Vive e Reina para todo o Sempre ao lado de Deus. Tendo sido declarado Príncipe dos Anjos e Senhor de todos, e de toda criatura nos Céus, na Terra e debaixo da Terra. E todo joelho se dobrará diante dEle, e toda língua o confessará Senhor para a glória de Deus Pai. Tendo sido feito Único e Suficiente Mediador entre Deus e os Homens, Sumo Sacerdote e Intercessor para todos os que creem, se sujeitando ao Reino de Deus Pai.

E agora Deus ordena a todos os homens, de todos os povos, tribos, línguas e nações que se arrependam para que recebam o perdão e remissão de todos os pecados cometidos no tempo da ignorância, pois Misericordioso e Perfeitamente Paciente foi Deus para com todos enquanto ainda se desintegravam na depravação, imoralidade e assassínios que cometeram enquanto não conheceram a Palavra da Luz. A Salvação é dada, através de Jesus Cristo, a todos e sobre todos os que creem no Testemunho da Sua Primeira e Gloriosa Vinda e Manifestação no Mundo.

"Porque nele se descobre a justiça de Deus de fé em fé, como está escrito: Mas o justo viverá pela fé." (Romanos 1:17)

Fé e Obediência são justiça, mas tudo o que carrega incredulidade contra Deus é pecado. Todo pecado é injustiça, e sabemos que nenhum injusto tem herança no Reino de Deus e de Cristo.

59. A Vinda de Cristo

"E, estando assentado no Monte das Oliveiras, chegaram-se a ele os seus discípulos em particular, dizendo: Dize-nos, quando serão essas coisas, e que sinal haverá da tua vinda e do fim do mundo? E Jesus, respondendo, disse-lhes: Acautelai-vos, que ninguém vos engane; Porque muitos virão em meu nome, dizendo: Eu sou o Cristo; e enganarão a muitos. E ouvireis de guerras e de rumores de guerras; olhai, não vos assusteis, porque é mister que isso tudo aconteça, mas ainda não é o fim. Porquanto se levantará nação contra nação, e reino contra reino, e haverá fomes, e pestes, e terremotos, em vários lugares. Mas todas estas coisas são o princípio de dores. Então vos hão de entregar para serdes atormentados, e matar-vos-ão; e sereis odiados de todas as nações por causa do meu nome. Nesse tempo muitos serão escandalizados, e trair-se-ão uns aos outros, e uns aos outros se odiarão. E surgirão muitos falsos profetas, e enganarão a muitos. E, por se multiplicar a iniquidade, o amor de muitos esfriará. Mas aquele que perseverar até ao fim será salvo. E este evangelho do reino será pregado em todo o mundo, em testemunho a todas as nações, e então virá o fim." (Mateus 24:3-14)

"Justiça e juízo são a base do teu trono; misericórdia e verdade irão adiante do teu rosto." (Salmos 89:14)

Justiça e Juízo são a base do Trono de Deus. Onde há justiça, ai está o trono do governo de Deus, e ali impera a paz, mas onde reina a iniquidade, ali está o domínio da potestade das trevas, e ali impera a destruição.

60. Fé e Prova de Fé

"Justificados, pois, mediante a fé, temos paz com Deus por meio de nosso Senhor Jesus Cristo". (Romanos 5:1)

A Palavra de Deus nos diz que Deus enviou o Seu Filho ao mundo, para que por meio dEle sejamos salvos e tenhamos vida (1 João 4:9). Todo aquele que recebe o Filho de Deus e crê no Seu Nome é salvo, aceitando as Palavras do Seu Testemunho, e recebe o Dom da Vida Eterna. O Evangelho foi trazido por Jesus ao mundo e continuará a ser pregado até o fim. Se alguém realmente crer no Testemunho de Deus, pela Sua Palavra, a Salvação será gerada no coração desta pessoa. A Salvação é gerada pelo Poder Soberano de Deus, e uma vez concedida, nunca mais poderá ser destruída ou desfeita sobre quem a recebe, desde que esta pessoa permaneça na fé até o fim, pois é um Dom Eterno, gerado pela Vida e Obra Redentora de Jesus.

"Aquele que está em Cristo, é Nova Criatura; as coisas velhas já passaram, e eis que tudo se fez novo." (2 Coríntios 5:17). E também "TODO aquele que crê que Jesus é o Cristo, é nascido de Deus;" (1 João 5:1)

Se alguém é nascido de Deus, tem nova vida e nova natureza, a natureza de Deus, gerada de semente divina e incorruptível.

"Sendo de novo gerados, não de semente corruptível, mas da incorruptível, pela palavra de Deus, viva, e que permanece para sempre." (1 Pedro 1:23)

Se alguém realmente crer na Palavra da Verdade e receber a Salvação dada por Deus, em Cristo, esta Salvação é concedida de um Instante e Para Sempre, gerada primeiro interiormente a partir de um novo espírito, e uma vez concedida, nunca mais poderá ser tirada de quem a recebe, desde que esta pessoa cumpra a condição de permanecer na fé até o fim.

"Mas aquele que perseverar até ao fim será salvo." (Mateus 24:13). "Examinai-vos a vós mesmos, se permaneceis na fé;" (2 Coríntios 13:5). "para perante ele vos apresentar santos, e irrepreensíveis, e inculpáveis, Se, na verdade, permanecerdes fundados e firmes na fé, e não vos moverdes da esperança do evangelho que tendes ouvido, (Colossenses 1:22-23)

Existe uma Lei Espiritual: a Salvação só pode ser confirmada através da Prova da Salvação, que então deverá ser produzida. Para que seja manifestado se alguém realmente creu em Deus e foi salvo, e se permanecerá fiel, é necessário que a fé desta pessoa seja provada através do Bom Combate da Fé.

"Para que a prova da vossa fé, muito mais preciosa do que o ouro que perece e é provado pelo fogo, se ache em louvor, e honra, e glória, na revelação de Jesus Cristo;" (1 Pedro 1:7)

A Prova da Salvação só pode ser produzida ao se permanecer fiel no Combate da Fé, glorificando o Nome de Deus, e que demonstrará se aquela pessoa realmente creu em Deus, se permanecerá na Verdade e assim tem a Salvação. Uma vez que alguém verdadeiramente creu em Deus e recebeu a Salvação, esta Salvação, ser for real, nunca jamais poderá ser perdida, ao se permanecer firme até o fim no Caminho da Fé e da Esperança, pois a obra de Jesus na Cruz foi perfeita, e aquele que é salvo é nascido de Deus em Jesus Cristo, num novo espírito, de semente divina glorificada e incorruptível. É necessário que o verdadeiro crente passe pela Carreira do Combate da Fé, para que a Prova da Salvação seja produzida ao se vencer e glorificar a Deus nos muitos Testes de Fé, de

Paciência e de Perseverança nos Santos Caminhos da Luz. Também é desta maneira que são separados os que realmente creem em Deus dos que professam crer mas nunca se entregaram ao Domínio do Seu Reino. Se alguém professar crer, mas depois, em qualquer tempo, se desviar do Caminho da Fé, e se durante todo o tempo aceitável não se dobrar em arrependimento, e vier a se perder, se perderá porque desprezou a Perfeita Paciência Divina, o Seu Perdão e o Amor da Verdade, e nunca nele realmente se achou entrega e sujeição para a operação da Graça e da Vontade de Deus. O livro de Hebreus fala daqueles que receberam o conhecimento da verdade e foram iluminados, mas não permaneceram na luz, e desprezaram o Dom da Salvação.

"Porque é impossível que os que já uma vez foram iluminados, e provaram o dom celestial, e se tornaram participantes do Espírito Santo, E provaram a boa palavra de Deus, e as virtudes do século futuro, E recaíram, sejam outra vez renovados para arrependimento; pois assim, quanto a eles, de novo crucificam o Filho de Deus, e o expõem ao vitupério." (Hebreus 6:4)

A obra de Jesus na Cruz foi Perfeita, e quem realmente for salvo dará Testemunho da Salvação e do Poder de Deus, permanecerá firme até o fim, crescendo na fé e se desenvolvendo espiritualmente a cada dia no Conhecimento da Verdade, pois foi gerado de um novo espírito, nascido de Deus e incorruptível. Que nos esforcemos em pregar com Verdade a Palavra de Deus, que é Viva e Eficaz, no Nome de Jesus, para que pelo Seu Ouvir a Verdadeira Fé nasça, pela Graça, em muitos corações, e sejam tocados em espírito para receberem o Abrir dos Olhos do Coração na Luz, sejam transformados e recebam o Dom Sublime da Vida Eterna.

61. Dom Magnífico

"E qual o pai de entre vós que, se o filho lhe pedir pão, lhe dará uma pedra? Ou, também, se lhe pedir peixe, lhe dará por peixe uma serpente? [...]Pois se vós, sendo maus, sabeis dar boas dádivas aos vossos filhos, quanto mais dará o Pai celestial o Espírito Santo àqueles que lho pedirem?" (Lucas 11:11-13)

A melhor coisa que Deus pode te dar é o Espírito Santo! O que você tem pedido para Ele em primeiro lugar? O Senhor é o Deus de toda Boa Dádiva e de todo Dom Perfeito de Prosperidade, mas o Espírito Santo transforma o interior, enche de glória verdadeira, desperta a percepção da consciência, supereleva o estado de todas as dimensões da vida, enche de Poder Espiritual e abre as Portas do Céu para a alma de quem pela graça de Deus o recebe. Ele é o Próprio Deus habitando na vida de quem se dispõe a buscar o Seu Dom Magnífico.

"O teu trono, ó Deus, é para todo o sempre; cetro de equidade é o cetro do teu reino." (Salmos 45:6)

Deus é um Deus de Justiça, o Deus da Verdade que tem todo o Poder. Ele é Fiel, Justo e Santo. Ele não pode praticar a iniquidade, nem perverter o direito e a justiça nos Seus julgamentos. Ele julga com Justiça e Verdade, e domina eternamente pelo Seu Poder. Deus não dá a mão para os ímpios, e nem a estende para o Reino das Trevas, nem tem Ele participação com a perversidade. Justiça e Juízo são a base do Trono de Deus, e Cetro de Equidade é o cetro do Seu Reino.

62. Razão e Redenção

"Porque assim diz o Alto e o Sublime, que habita na eternidade, e cujo nome é Santo: Num alto e santo lugar habito;" (Isaías 57:15)

"Porque Deus amou o mundo de tal maneira que deu o seu Filho unigênito, para que todo aquele que nele crê não pereça, mas tenha a vida eterna." (João 3:16)

Muitas pessoas sofrem do mau chamado crise existencial. É uma sensação de vazio, de tormento e falta de sentido para viver e estar no mundo. É um sentimento de ausência de norte e de significado sobre quem somos, onde estamos e para que existimos, o que causa profunda depressão e desânimo sobre a vida. Isto é a falta da compreensão dos propósitos de Deus, dos planos existenciais em que vivemos, e do entendimento da presente condição do Universo em que estamos. Nada falta na Palavra de Deus de tudo o que precisamos saber. Acima do que está revelado, são mistérios que estão acima da nossa compreensão, os quais agora não necessitamos saber, e que somente na vida futura serão revelados.

Em primeiro lugar, devemos saber que nada existe sem propósito. Deus criou tudo com suprema sabedoria, objetivo e razão. Se estamos aqui, é porque temos um propósito muito sério e um futuro final ainda não definido para nossa presente existência. Fomos criados para o Louvor da Glória de Deus, e para Exaltar a Suprema Excelência da Sua Eterna Grandeza. A Glória de Deus é o objetivo final de toda existência e o sentido para tudo o que vive. Devemos entender, no entanto, que Deus deu o livre-arbítrio, autopensamento e autoconsciência para os seres que criou com o sopro de Sua Própria Vida, e os capacitou com a faculdade de julgar e escolher por vontade própria. Os seres criados julgam pela própria interpretação, tanto que é possível escolherem rejeitar e desprezar o Julgamento e a Pessoa do Próprio Criador, se assim interpretarem. Tanto podem justificar e glorificar como também desprezar o Criador. Isto é desígnio de Deus, e assim Ele determinou pela Sua Soberana Vontade, porque a Criação é de possibilidades infinitas, e Ele só pode ser glorificado e justificado por Suas criaturas através do Livre-Arbítrio. O Projeto Humano, começado em Adão, foi introduzido na Terra e no Universo junto com o qual foi criado. Por causa da desobediência de Adão, que exerceu seu livre-arbítrio, a raça humana se corrompeu no pecado e a Terra foi entregue para a morte, escravidão e sofrimento. Portanto, devemos começar entendendo que este mundo é um mundo caído, e que a corrupção, morte e sofrimentos que existem no tempo de hoje não eram o Destino Planejado por Deus.

"Eis que os céus e os céus dos céus são do SENHOR teu Deus, a terra e tudo o que nela há." (Deuteronômio 10:14)

A dimensão da Terra e deste Universo são a dimensão de uma Existência chamada de Primeiro Céu, onde estamos. Acima desta Existência está a Superexistência, os Céus dos Céus, em vários níveis, ou a Eternidade, onde Deus, as famílias ascendidas de luz e os exércitos dos anjos vitoriosos habitam. A Eternidade é o Universo que governa todos os Universos, ou mundos. Será muito difícil para nós pensar no tamanho da glória e do poder que habita neste lugar. Esta é a morada dos anjos e o lugar de onde o Querubim rebelde foi expulso. A causa da Existência é a Superexistência! Nós pensamos que existimos completamente, mas ainda estamos numa espécie de "sono existencial", no qual não podemos ver a plenitude da realidade superior de fato, exceto debaixo do poder do Espírito Santo. Quando um crente salvo vence a batalha da fé e parte deste mundo (Você só pode ser salvo se vencer e glorificar a Deus!), ele passa a não somente existir, como a Superexistir na Superexistência da Eternidade, que está totalmente acima e transcendente deste plano em que

vivemos. Quem já venceu e partiu deste mundo não somente existe, mas como está numa Superexistência, incomparavelmente mais viva, mais real, mais excelente e mais gloriosa do que esta, cheia do Esplendor Indescritível da Habitação de Deus. A boa notícia é que quando alguém entrega-se a Deus, recebendo a Cristo, uma parte deste lugar maravilhoso já passa a estar no coração desta pessoa desde quando ainda em vida. E muito mais do que isto, o próprio Deus vem habitar desde já, com Jesus, no coração de todos aqueles que aceitam humildemente o Reino da Luz pelo Conhecimento da Verdade. Continuamos batalhando neste mundo, pela Fé, confessando, obedecendo e praticando a Palavra de Deus, resistindo inabaláveis nas provas da fé e testes espirituais para elevação de sentidos diante dos quais somos destinados a vencer, por promessa, se tão somente perseverarmos em obediência e submissão à Vontade Maior, a dAquele que nos tirou das Trevas e nos transportou já em vida para o Reino da Sua Magnificente Luz. Este mundo é caído, mas sabemos que Deus amou a todos os homens e providenciou um Plano de Salvação e Redenção, através de Jesus Seu Filho, o Novo Adão e Novo Matriz da Humanidade Redimida, o Príncipe da Salvação para todos os que o recebem e justificam a Deus através da Fé no Seu Nome.

"A minha palavra, e a minha pregação, não consistiram em palavras persuasivas de sabedoria humana, mas em demonstração de Espírito e de poder; Para que a vossa fé não se apoiasse em sabedoria dos homens, mas no poder de Deus." (1 Coríntios 2:4-5)

Sinto muito dizer, amados irmãos, mas a Igreja que não vê o poder de Deus está comprometida nas mãos do Inimigo.

63. Deus de Toda a Glória

"Assim será a minha palavra, que sair da minha boca; ela não voltará para mim vazia, antes fará o que me apraz, e prosperará naquilo para que a enviei." (Isaías 55:11)

Deus não age por capricho e intriga, como faz o deus (dê minúsculo) dos falsos profetas, os amplamente conhecidos como profetadores, que desanimam e chantageiam as suas vítimas com juízos de morte e ameaças de destruição para obterem controle emocional e submissão de defunto de quem os ouve. O Senhor é o Deus de todo o Poder e de toda a Glória, que fez os Céus e a Terra com seus exércitos infinitos, cuja Mão de Poder não pode ser impedida, que executa com sabedoria os Seus planos e multiplica as Suas Maravilhas nos espaços siderais, que age por sua Soberana Vontade e julga com Visão Perfeita e Poder, segundo os Seus Justos e Inalcançáveis Juízos. Ele ensina e adverte, certamente, mas Ele não precisa chantagear ninguém, porque é o Eterno Dono do Poder e o Deus de toda a Glória!

"E o efeito da justiça será paz, e a operação da justiça, repouso e segurança para sempre." (Isaías 32:17)

A paz é o efeito da justiça. Onde há justiça há paz. Sem justiça não existe paz. Onde há fé em Deus há justiça. Todo pecado e incredulidade contra Deus é injustiça. O fruto da injustiça é a decadência.

64. Existência Paralela

"Eis que os céus e os céus dos céus são do Senhor teu Deus, a terra e tudo o que nela há."
(Deuteronômio 10:14)

Corrija a tua cosmovisão da existência em que estamos. A ciência tem um grupo sério, mas em outra parte dominada pelo engano, e que infiltrada em parte da educação secular, procura confundir a fé e a visão de todos. Os princípios de fé e de confissão do poder de Deus são mais importantes, mas se você não interpretar o Universo de forma correta, você poderá ficar com a visão escurecida e dificultada sobre as verdades da Palavra de Deus. Interprete a Bíblia de forma correta, pois ela não somente tem a exata ciência, como é de uma ciência extraordinariamente superior. Está escrito que no princípio Deus criou os Céus e a Terra, e por último o homem, que traria a Imagem da Sua glória. A Terra e todo o cosmos foram criados visando a criação do homem, e o homem para ser instrumento para a glória de Deus. O plano de Deus para o homem era encher a Terra, e depois ser elevado para se expandir em todo o Universo sem fim. De maneira geral, toda vez que a Bíblia fala em Céus, está falando do espaço cósmico infinito dos astros siderais que foi criado na mesma malha de tempo que a Terra, embora cronologicamente mais antigo. O Universo inteiro são os Céus criados em Gênesis. Estes são o Primeiro Céu, a dimensão existencial em que vivemos. Acima deste Universo estão os Céus dos Céus, ou A Eternidade, onde Deus habita. A Terra e este Universo inteiro, que foram manchados por causa do pecado do homem, no final de todos os tempos, depois do início do Reino de Deus em Plenitude, depois do Juízo Final e da consumação da Obra de Deus, serão desfeitos e destruídos para dar lugar ao nascimento de um Novo Céu e uma Nova Terra, um Novo Universo, onde habitará justiça. Não há outros habitantes neste Universo

Celestial além do projeto humano, não há senão nos Céus Eternos e Universos Superiores, acima da dimensão deste Cosmos, onde estão as famílias celestiais mencionadas por Paulo em Efésios 3:15. Existem muitos Universos, ou mundos (Hebreus 11:3 ARC), não caídos e ascendidos, todos debaixo da Eternidade, onde Deus habita. Os Céus dos Céus, os Céus Superiores ou a Eternidade, que se sobrepõem em vários níveis existenciais, como segundo e terceiro Céu além, onde Deus e Seus exércitos infinitos de seres e famílias de luz habitam, ao contrário deste Universo temporário, são Eternos e nunca serão destruídos, sempre existiram e sempre existirão, pois estão indescritivelmente acima de toda humana compreensão, e de todo tempo e espaço. O grande conflito que existe e ainda está se desenvolvendo na Terra é tão mortal e sangrento, e exigiu a intervenção do Próprio Filho de Deus, de Jesus, porque é o conflito, haja vista um conflito de fé, de todo um Universo e de toda uma Existência. Este Universo é infinito, mas é apenas outra entre as múltiplas e ilimitadas dimensões existenciais de Deus.

Amados irmãos, exorto vocês a caminhar na fé, a trabalhar e a viver quietamente. Mas não coloquem o coração de vocês neste século presente já derrotado, que subsiste em trevas e que muito em breve passará. Coloquem a fé e a esperança de vocês em Cristo, que venceu todas as coisas e que em eterna glória nos salvou, e que em pouco tempo ressurgirá dos céus para terminar de destruir este tempo presente perverso, e nos trazer o Seu Reino Eterno e Vitorioso onde para os salvos, ressuscitados em glória incorruptível, prevalecerá um novo mundo de plena vida e de paz que durará para sempre.

65. A Vida no Reino de Deus

"E para o nosso Deus os fizeste reis e sacerdotes; e eles reinarão sobre a terra." (Apocalipse 5:10)

"Se quiserdes e me ouvirdes, comereis o melhor desta terra." (Isaías 1:19)

Querido irmão(ã), às vezes você pode perguntar como será a vida no Reino de Deus. A Palavra de Deus diz que no princípio Deus fez o homem e a mulher à sua imagem e semelhança. Também criou a Terra, com toda a imensidão de vida e riqueza que ela tem, para a habitação, exploração e felicidade do homem, para que assim este fosse instrumento para a glória de Deus. Com a queda e pecado do homem, o mundo foi atingido e manchado, a vida ficou triste e a morte entrou nele. Mas Deus, cheio de amor, teve um plano para salvar o homem, enviando o Seu Filho para morrer pelos nossos pecados. O próprio Deus em pessoa esteve entre nós, andando, conversando e interagindo com as pessoas, através do Seu Filho. A obra de Cristo na Cruz implicou na salvação não somente da raça humana, mas também do mundo, que havia sido manchado pelo pecado.

Agora você pergunta, como será a Terra quando Jesus voltar, terminar de derrotar o domínio do mundo atual e iniciar o Reino de Deus? Você terá tudo o de melhor que você tem hoje aqui na Terra, e incomparavelmente mais! Você pode perguntar: Vou ter minha família lá? Sim, se você receber o Salvador você a terá! *"Crê no Senhor Jesus Cristo e serás salvo, tu e a tua casa." (Atos 16:31)*. E pode perguntar também: Vou ter meus amigos? Sim, se eles realmente são pessoas verdadeiras, sinceras e dispostas para temer a Deus. *"Porque todo aquele que invocar o nome do SENHOR será salvo." (Romanos 10:13)*. O próprio Senhor virá, e reinará sobre a Terra, e estará conosco para sempre. *"Mas serão sacerdotes de Deus e de Cristo, e reinarão com ele mil anos." (Apocalipse 20:6)*. Toda a Terra será cheia da glória e das maravilhas impronunciáveis de Deus, mas você pode ir mais longe e perguntar sobre as coisas comuns: Vou ter das alegrias que tenho aqui, vai ter churrasco, bebidas e comidas finas? A Palavra do Senhor nos diz que *"o Reino de Deus não é comida nem bebida, mas justiça, e paz, e alegria no Espírito Santo." (Romanos 14:17)*, mas isto não significa que lá não existirá todo o melhor desta Terra. Pelo contrário, você vai estar em estado de alegria sem fim, diante de Deus, e terá todo o melhor que você pode imaginar desta Terra e ainda coisas incomparavelmente maiores e melhores. Veja: *"Eis que tenho o meu jantar preparado, os meus bois e cevados já mortos, e tudo já pronto; vinde às bodas." (Mateus 22:4)*. Vai ter vinho? Vai, o próprio Senhor declarou que fará uma grande ceia na inauguração deste Reino Maravilhoso, cheio de glória, de graça e de luz. *"Em verdade vos digo que não beberei mais do fruto da videira, até àquele dia em que o beber, novo, no reino de Deus." (Marcos 14:25)*. Vou ter a alegria de saborear um chocolate, uma pizza e um refrigerante tônico? Sem dúvida! E nem imagine o paladar extraordinário que terão! Lá todos os salvos existirão numa vida de poder e glória acima de toda compreensão, numa existência de imortalidade, felicidade e paz sem fim. Você pode perguntar também: Vai ter carro, transportes, trem, naves que alcançarão o espaço, entretenimento, energia elétrica, televisão? Não tenha menos do que certeza, Deus é o maior Mestre e Arquiteto da Tecnologia que existe! Esteja certo de que haverão máquinas e invenções tão maravilhosas, de tecnologia celestial que você jamais iria imaginar. Quem sabe que não poderemos até ter o privilégio de sermos levados para viajar nalgum pedaço do Universo?

Na dimensão de Deus você não irá perder nada, mas nada do que é verdadeiramente bom que você tem hoje aqui. O que você prefere: Honrar a Deus, pagar um pequeno preço de uma vida de santificação e obediência na vida passageira de hoje, e depois ter tudo que você tem aqui de bom e muito mais PARA SEMPRE, ou desprezar a Salvação de Deus, desfrutando dos prazeres passageiros do pecado e depois SOFRER PARA SEMPRE, longe dele? Se anime, e se alegre em Deus, Ele sempre dá e dará tudo o de melhor para você, projetando para você uma Felicidade e uma Vida Eterna, indestrutível, que durará desde hoje e PARA SEMPRE!!!

"Não esmagará a cana quebrada, E não apagará o morrão que fumega, Até que faça triunfar o juízo;" (Mateus 12:20)

O Reino de Deus é justiça e juízo. Ou seja, você não pode fazer tudo o que quer, nem ter uma vida descontrolada. Você tem princípios e leis espirituais para seguir, você deve dar bom testemunho, seguir os passos de Cristo e ter uma vida exemplar, cumprir os Seus mandamentos, lutar pela fé e se submeter à Sua Palavra!

66. O Homem do Céu

"O primeiro homem, da terra, é terreno; o segundo homem, o Senhor, é do céu. Qual o terreno, tais são também os terrestres; e, qual o celestial, tais também os celestiais." (1 Coríntios 15:47, 48)

Você já se perguntou como é o homem do céu? O homem do céu já esteve na Terra. Ele nasceu integralmente Deus e integralmente homem, mesmo que gerado do Espírito Santo. Ele esteve entre nós, deu testemunho da verdade, nos trouxe a Sua Luz, manifestou a Sua glória, pregou a paz, viveu a vida perfeita e entregou a Sua vida para salvar o mundo dos seus pecados, ressuscitou da morte vitorioso e restabeleceu o Reino Supremo de Deus entre os homens. Jesus Cristo o Filho de Deus é o homem do céu e aquele que transportou a presença pessoal do próprio Deus até nós! Se você quer conhecer o homem do céu e Deus vivendo Entre Nós, como Ele era, o que pensava e o que Ele fez, leia os Evangelhos, lá estão registrados os relatos de tudo o que Ele fez.

"A morte e a vida estão no poder da língua; e aquele que a ama comerá do seu fruto." (Provérbios 18:21)

A cada palavra de graça que você diz é um pedaço de uma bênção que você constrói. O contrário também é verdade. Profira palavras de bênçãos para todos, o tempo todo, até para os teus inimigos, até para quem fala mal de você, abençoe até em troca das maldições, pois só um vencedor é capaz de fazer isto. Tenha fé, seja forte, corajoso e tenha mente de vencedor, pois tudo aquilo que sair da tua boca será primeiramente derramado sobre você mesmo, em porção dupla, seja bênção ou maldição.

67. Vitória Somente pela Fé

"ORA, a fé é o firme fundamento das coisas que se esperam, e a prova das coisas que se não veem." (Hebreus 11:1)

"E Jesus disse-lhe: Se tu podes crer, tudo é possível ao que crê." (Marcos 9:23)

Há um segredo que poucos sabem. A ordem inferior, ou do século presente deste mundo é dominada por um império maligno, e absolutamente tudo o que existe aqui é mortalmente sujeito e controlado nos mínimos detalhes. O único poder de interferência que alguém pode ter neste mundo é a Fé, exercida e praticada sobre a Palavra de Deus e que o confessa como Verdadeiro. Se você não tem fé, ou se você abandonou a Confissão da Luz, preciso te dizer que você está sendo totalmente dominado, quer você lamente ou deixe de lamentar, e não passa de um prisioneiro nas mãos do Inimigo, usado por ele para combater contra Deus e promover os seus propósitos sujos. Por um outro lado, se sem a fé você não pode fazer nada, com a fé você tem um poder que pode mudar absolutamente tudo, tudo ao teu redor, influenciar positivamente as pessoas e até impactar o mundo, pois acima do domínio inferior deste tempo presente está o Governo Supremo de Deus, segundo as leis reveladas na Sua Palavra. Ao conhecer o Domínio Superior de Deus, obedecendo a Sua Palavra através da fé, você terá vitória sobre o mundo, pois o Reino de Deus domina sobre tudo, até mesmo acima dos sistemas corruptos deste mundo. Não estou dizendo que você será um super homem ou mulher, nem imortal, mas que encontrará um oriente e um verdadeiro propósito para a tua vida.

Se a Palavra de Deus diz que aquele que pratica a justiça e a misericórdia alcançará o favor de Deus, creia nesta verdade, pela fé, e você vencerá ainda que este mundo seja contrário à prática da justiça. É crendo na verdade e a praticando que você vence o mal, mesmo diante das tribulações. É preciso conhecer a Palavra da Verdade e nEla exercitar Fé pela Obediência para superar a grande nuvem de trevas deste mundo. A grande batalha que está sendo travada desde todos os tempos nos corações deste mundo é a Batalha da Fé. Esta é a batalha maior, que está nos corações, da qual o grande vencedor e Mestre é Jesus Nosso Senhor, que viveu pela Fé, junto com os salvos, e esta batalha determinará os rumos e o destino de tudo e de todos para sempre. A maior luta que você tem que lutar, acima de tudo, é a luta do Campo da Fé. Lute pela Fé acima de tudo, pela Palavra de Deus, pois é somente através dela que você poderá ser livre da escravidão do Inimigo e vencer.

"Que aproveita ao homem ganhar o mundo inteiro e perder a sua alma?" (Marcos 8:36)

O Senhor não está dizendo, de maneira nenhuma, que você não pode ter uma vida próspera e vitoriosa, no sentido maior, o que aliás Ele prometeu dar aos que vencerem e O glorificarem na experiência divina das provas da Fé. Mas este é um solene alerta para os que se perdem a si mesmos na busca cega por prazeres e riquezas temporais terrenas que passam como a neblina e se gastam como a ferrugem, se esquecendo e desprezando o verdadeiro bem estar e salvação do bem maior eterno de cada um que é a alma, e que durará para sempre.

68. Integridade e Santidade

"Que cada um de vós saiba possuir o seu vaso em santificação e honra; [...]Porque não nos chamou Deus para a imundícia, mas para a santificação." (1 Tessalonicenses 4:4, 7)

"Venerado seja entre todos o matrimônio e o leito sem mácula; porém, aos que se dão à prostituição, e aos adúlteros, Deus os julgará." (Hebreus 13:4)

Deus criou o homem e a mulher para que fossem íntegros e santos em todos os atributos da existência deles. Muitos falam sobre a intimidade humana e suas implicações, mas o plano divino para o ser humano é a santidade em absolutamente todas as suas faculdades. Deus contempla o ser humano não só em um, mas em todos os atributos da sua vida. Não há nenhuma área da vida humana em que Deus não orienta e estabelece leis. Tudo Ele trata na Sua Palavra. A sexualidade do ser humano é mais íntima e séria do que todos imaginam. Trata-se de um assunto tremendamente sensível que deve ser interpretado à luz da Palavra de Deus, que criou o homem e a mulher perfeitos, no princípio, e destinados a serem santos e à total felicidade. Deus ordenou claramente que *"o homem deixará a seu pai e sua mãe e se unirá à sua mulher, e serão os dois uma só carne." (Gênesis 2:24)*. A união entre o homem e a mulher é tratada de forma tão séria que Deus por várias vezes a usa como analogia da Sua união com o Seu Povo Escolhido, com Israel, e também é a perfeita representação da união entre Cristo e a Igreja.

Muitos pensam que o matrimônio não foi criado e santificado por Deus, quando na verdade ele é o sustentáculo da mais santa, primordial e indissolúvel instituição divina que primeiro foi estabelecida na Terra: a Família.

A Bíblia diz claramente que Deus ama a família, e que Ele odeia o divórcio, assim como odeia a devassidão do adultério, da prostituição, da sodomia e da imundícia. A união conjugal foi criada, é santíssima e separada para existir somente num casamento divino, vitalício e indissolúvel entre um homem e uma mulher existencialmente comprometidos. A união conjugal significa o desdobramento da mais completa exposição e transmutação dentre as dimensões mais sensíveis da alma humana, de maneira que se tornam uma só carne. Fora da bênção de Deus, a união conjugal se torna sodomia e é onde mais interferências demoníacas se instalam e tomam lugar no corpo de quem se desvia praticando impurezas. Todos os tipos de pecados devem ser tratados, e sempre deve haver verdadeiro arrependimento, confissão sincera e imediato abandono quando ainda em tempo diante de Deus. Há pecados que destroem cada um em maior medida a mente, a alma e o espírito, mas nenhum destrói e putrifica tanto o espírito e o corpo como as impurezas sexuais. O mundo dos incrédulos e os crentes desviados brincam e estão brincando de jogar dados com os entrelaços de suas almas e as ligaduras de suas vidas.

"Olhai para mim, e sereis salvos, vós, todos os termos da terra; porque eu sou Deus, e não há outro." (Isaías 45:22)

Será que para alguma pessoa é tão difícil o simples ato de olhar para Deus? Todo aquele que olhar com arrependimento para o Criador será salvo. Toda pessoa que se dispor com sinceridade para dar mesmo que seja um instante sequer da sua vida para Deus será salva. O que te impede de ir até o Salvador, amigo(a)?

69. O Reinado da Paz

"Porque Deus amou o mundo de tal maneira que deu o seu Filho unigênito, para que todo aquele que nele crê não pereça, mas tenha a vida eterna." (João 3:16)

"Porque a graça de Deus se há manifestado, trazendo salvação a todos os homens," (Tito 2:11)

Adão, o primeiro homem, pecou, mesmo estando num mundo perfeito, recém criado e novo, cheio de felicidade e harmonia. E deixando o pecado entrar no mundo, abriu as portas para a morte e corrompeu toda a raça humana depois dele, trazendo destruição e sofrimento. Isto é a Justiça de Deus, que lhe dera a vida com felicidade perfeita, que tem um preço incalculável, em troca de um simplicíssimo ato de fé e obediência. Quando Deus deu a Terra a Adão, para governar sobre ela e sobre tudo o que nela há, Ele também lhe havia dado o Universo em segredo, pois está escrito que no princípio Deus fez os Céus e a Terra, terminando a obra da Criação com a coroa da Criação, o homem que traria a Imagem e Semelhança da Face da Sua Glória.

O Juízo de Deus foi justo sobre Adão, que desprezando o tudo em troca do nada, transgrediu o mandamento pela astuta oferta da Serpente. No entanto, ao dar os detalhes do castigo do homem, Deus também lhe deu uma promessa de Redenção, através da Semente da Mulher. Os planos de Deus se desdobraram então através dos séculos, numa disputada batalha pelo coração do homem, que havia caído no pecado, em manifestações da Sua misericordiosa intervenção gerações após gerações através dos séculos.

Ao adquirir um povo particular para Si, através de uma aliança com Abraão, de um posterior dos descendentes deste Ele levantou o Cristo, ao ascender a plenitude dos tempos, a Jesus, declarado o Filho de Deus em poder, segundo a Promessa da Salvação Eterna que desde a antiguidade havia sido feita para Israel e para todas as famílias das nações da Terra. Este é o Messias, filho de José, filho de Davi, o Salvador do Mundo que nasceu pelo Espírito Santo, e que viveu a única vida perfeita, imaculada e de plena obediência a Deus que era possível, sendo integralmente Filho de Deus e Filho do Homem. E tendo consumado a manifestação do Testemunho da Verdade aos que escolhera, e às multidões que o presenciaram e o tocaram, entregou a Sua Vida como sacrifício para expiação de efeito eterno sobre os pecados do mundo. E tendo Ele vencido, ressuscitou para a justificação e salvação de todos os que creem, tendo sido feito o Mediador Único e Suficiente entre Deus e os homens, e constituído Juiz dos Vivos e dos Mortos. E as Escrituras dão testemunho a todos os homens de que todos aqueles que se arrependerem dos seus pecados e por meio dEle se achegarem a Deus através da Fé serão livrados do Justo Juízo e da Ira que há de vir, e lavados, regenerados e transformados receberão o Dom da Justiça para a Vida Eterna, e entrada no Reino Celestial Futuro da Paz, que próximo e muito cedo derrotará o presente domínio inferior de corrupção deste mundo, na ocasião da segunda vinda de Cristo, descendo e se manifestando para sempre na plenitude visível da Terra.

Querido irmão(ã), não desanime por causa das provas e tribulações que todos os salvos têm que vencer. O fogo testa o ouro e queima a palha. Eu estou certo, no Senhor, que a tua fé é ouro, e nesta peleja você vai arvorar a bandeira da vitória em Nome de Jesus!

70. Mensagem Universal

"E disse-lhes: Ide por todo o mundo e pregai o evangelho a toda criatura." (Marcos 16:15)

O Evangelho é para todas as nações. A Salvação foi dada e destinada para todos os que creem, dentre todos os povos do mundo. Nenhum país, povo, tribo, língua ou nação está excluído da Obra da Redenção. O Evangelho deve ser pregado no mundo inteiro, absolutamente, desde o grande país até o mais remoto povo isolado, porque este é o mandamento do Nosso Salvador e o propósito de Deus. Se você se sente chamado pelo Espírito Santo, sabendo que já tem um completo testemunho de vida e caminhada na presença de Deus, se você já tem a experiência de uma vida provada no altar do sacrifício da fé, e se você é um verdadeiro discípulo com a Unção do Espírito Santo, tendo a devida Ciência e Testemunho da Palavra da Salvação, e estando preparado e consciente para as provas de fé que virão, se submetendo aos devidos preparos estratégicos, você não precisa nem de profecia, o Senhor já deu a ordem a todos os Seus discípulos para empreender a Evangelização local e até os confins da Terra, e prometeu que os acompanharia com a Sua constante presença, providência e promessa de vitória na missão.

"Não temais, nem vos assusteis por causa desta grande multidão; pois a peleja não é vossa, mas de Deus." (2 Crônicas 20:15)

O Céu batalhará invencível por você, mas se mantenha na posição da fé, pois ele precisa da tua paciência e perseverança.

71. Palavra que Transforma

"Para sempre, ó Senhor, a tua palavra permanece no céu." (Salmos 119:89)

Se você quer uma promessa para a tua vida, comece lendo o Evangelho de João e o Livro dos Salmos, estes dois livros sozinhos, se for acompanhado de obediência e fé, já teriam poder de simplesmente Mudar a tua Vida! Na Palavra de Deus não tem ninguém especial ou diferente, senão os que obedecem as Suas Leis e creem nas Suas Promessas, que são para todos, qualquer um que seja que crer em Deus e dispor o coração para o amar e buscar a Sua Face. A Palavra da Verdade abrange simplesmente todas as áreas da vida humana, do alto da cabeça à ponta dos pés, pode conferir, nela está tudo o que você precisa ou possa precisar, interiormente ou exteriormente, começando com o entendimento pela fé para a Salvação, e de todas as demais coisas do que é realmente verdadeiro. Ela tem Luz para solucionar e direcionar qualquer situação de qualquer pessoa, desde que exista o Voto da Fé (A fé é um voto) na Integridade de Deus e nas Suas Promessas. Você precisa do teu pastor, e precisa da comunhão, oração e união dos demais irmãos na fé, e precisa da vida honesta na sociedade civil, inseparavelmente, mas toda a obra de Deus está fundada na Sua Eterna e Imutável Palavra. Na Bíblia toda tem mais de 8.000 (oito mil) Promessas.

Teme a Deus e obedeça a Palavra dEle, meu irmão. Mas a parte da força sobrenatural, por santa misericórdia, deixe com os Anjos!

72. A Suficiência da Bíblia

"Santifica-os na tua verdade; a tua palavra é a verdade." (João 17:17)

Queridos e amados, a Bíblia é o Livro da maior e principal fonte de sabedoria, luz e instrução para todo cristão fiel em toda a caminhada de Fé. Não queira passar pelo vale do atraso eterno, pois embora todo cristão tenha a fé provada, e você deva obedecer os Pastores e Ministros Fiéis do Evangelho, nenhuma profecia de profetador (falso profeta) pode se colocar acima e muito menos substituir a Palavra de Deus, que é a Revelação Total, Completa e Suficiente do Plano da Salvação. E ainda mais, se o profeta for verdadeiro, nem por cima do pastor da igreja ele poderá passar, como os lobos malignos fazem. Lembrando que os profetas do ministério do antigo testamento, que julgavam debaixo do juízo da morte, muito embora eram santos servos de Deus, já cessaram. Estamos na dispensação do Novo Testamento, onde Jesus Cristo é o Cabeça e Senhor da Igreja. Deus é imutável e Ele não é Deus de duas palavras.

"A justiça exalta as nações, mas o pecado é o opróbrio dos povos." (Provérbios 14:34)

Se um povo ou país se submete debaixo do governo da justiça e por ela promove a paz, não há mal nenhum em que ele tenha poder, riquezas e prosperidade, e Deus lhes dará isto. Mas as nações que se entregam ao pecado haverão de sucumbir na destruição e vergonha, pois odiaram a paz e abandonaram o Temor do Eterno.

73. Profetas e Profetadores

"Porque aquele que Deus enviou fala as palavras de Deus;" (João 3:34)

"Porém o profeta que tiver a presunção de falar alguma palavra em meu nome, que eu não lhe tenha mandado falar, ou o que falar em nome de outros deuses, esse profeta morrerá." (Deuteronômio 18:20)

Queridos irmãos, notem que nenhum destes falsos profetas que se levantam por ai têm a coragem de falar as palavras que devem preceder toda profecia: "ASSIM DIZ O SENHOR!", ou "ISTO DIZ O ESPÍRITO SANTO!" Ao contrário dos verdadeiros, estes falsos profetas (ou PROFETADORES) não têm a coragem de anunciar estas primeiras palavras, pois sabem que se ousarem falar falsamente em nome de Deus, de longo tempo já estão colocados debaixo de sentença de morte, pois ousaram falar falsamente em nome do Senhor. Estes falsos profetas nunca dizem "Assim diz o Senhor", mas de forma astuta se aproximam das pessoas e repentinamente começam a falar como se fosse a boca de Deus tomando a boca deles: *"Meu servo, eis que te digo... Sei do que tens passado..."* Sem declarar QUEM está falando!!! Ou seja, estão falando NO PRÓPRIO NOME, e não em Nome do Senhor. Quando Deus usa um profeta, ele declara a ASSINATURA de quem está falando, o próprio Deus. E tem mais, Ele NÃO ANULA A INTELIGÊNCIA do profeta, mas fala e mostra em seu ESPÍRITO claramente as palavras e visões que ele deve transmitir, no mesmo tempo em que a pessoa não fica "TOMADA", nem em estado de TRANSE, porque isso é SURTO PSICÓTICO!!!

Quando um verdadeiro profeta está falando, você pode interagir com ele, inclusive FAZER PERGUNTAS para ele, e ele RESPONDE!!! Quer saber mais? Você pode até mesmo QUESTIONAR ou contrariar ele, que ele te esclarecerá tudo, pois permanece LÚCIDO e de OLHOS ABERTOS! Incrível? Mas tente contrariar ou fazer uma mínima pergunta a um destes PROFETADORES, eles prontamente levantarão o dedo cheio de juízo de morte, dizendo: *"Ai de ti que te levantas contra Deus!!!* Como se Deus não tivesse criado o ser humano com o DIREITO DE PENSAR!

Irmãos, o verdadeiro profeta NÃO ASSASSINA A PERSONALIDADE das pessoas e nem trucida a SANIDADE e o BOM SENSO!!! O verdadeiro profeta serve ao Senhor, O Deus Vitorioso, Supremo em Poder e Perfeito em Sabedoria, que não vai lançar um juízo de morte sobre uma pessoa que já está sofrendo, cheia de angústias e despedaçada diante dEle. Neste caso, Ele vai socorrer, instruir, clarificar e salvar esta pessoa! Ele sabe de tudo, quando a ocasião exige Ele também anuncia Seus juízos e advertências para que o homem se converta do mal e endireite seus caminhos, mas tudo com a finalidade de salvar, e não para matar sem piedade. Ai destes profetadores assassinos de almas, Eu é que digo! Prestem atenção que em toda profecia, o profeta deve deixar claro QUEM ESTÁ FALANDO, sem mencionar que a Vida Espiritual dEle deve ter Testemunho e Ser Exemplo de Verdadeira Fidelidade e Obediência. E te dou certeza de que se um destes lobos se levantar, você pode reagir, ser firme, olhar nos olhos deles e dizer que DEUS ENXERGA!!!

"Aquele que fez o ouvido não ouvirá? E o que formou o olho, não verá?" (Salmos 94:9)

"O inferno e a perdição estão perante o SENHOR; quanto mais os corações dos filhos dos homens?" (Provérbios 15:11)

74. Decisão Individual

"A alma que pecar, essa morrerá; o filho não levará a iniquidade do pai, nem o pai levará a iniquidade do filho. A justiça do justo ficará sobre ele e a impiedade do ímpio cairá sobre ele." (Ezequiel 18:20)

"De maneira que cada um de nós dará conta de si mesmo a Deus." (Romanos 14:12)

No que diz respeito à Salvação, a Salvação é Decisão Individual, o Juízo é Individual. Ninguém, absolutamente, em última instância, será julgado por obras, arbítrio e decisão de outro fora de si, mas cada um será julgado pelas suas próprias decisões e obras, que praticou e escolheu quando ainda em vida. O que cada um fizer será imputado sobre si mesmo. As obras e decisões dos outros só serão imputadas sobre os próprios que as praticaram. Isto é em última instância, pois quando alguém é enviado para pregar o Evangelho e pastorear almas, este pode ser responsabilizado por elas, embora não na área da decisão individual pela salvação. O Livre-arbítrio é Inviolável, e Deus não o tira do homem. Cada um é responsável, em último caso, por si mesmo, e não por outros, diante de Deus. E desta forma só será julgado pelas próprias obras que praticou e não pelas dos outros fora de si. O Juízo e o Julgamento de cada um, diante de Deus, é Individual. A Fé para a Salvação é Decisão Individual e Intransferível, que outro fora de uma pessoa jamais poderá tomar no lugar dela. Decisão de Arrependimento e Fé Verdadeira são as condições para a Salvação. Sem Decisão de Arrependimento e sem Fé não há a Salvação.

75. Milagre dos Céus

"Acaso, haverá entre os ídolos dos gentios algum que faça chover? Ou podem os céus de si mesmos dar chuvas?" (Jeremias 14:22)

Prestem atenção neste versículo, amados irmãos. Você que gosta de descobrir mistérios de Deus, está aí uma tremenda verdade da Bíblia: Os céus sozinhos simplesmente não podem dar chuvas! Não é isto impressionante? A chuva que vivifica a Terra, existencialmente, não é um fenômeno natural, mas o mais perfeito Milagre das mãos de Deus, e que só Ele pode fazer! Certamente este é um grande motivo pelo qual devemos agradecer a Ele todos os dias. O que será que dizem os meteorologistas? Que a chuva é uma consequência das forças climáticas? Pois o Todo-Poderoso Pai tem um grande amor pelo mundo, na medida em que for possível, pois há quem entristeça a Ele a ponto de afastar até a bênção dos céus sobre a Terra. No entanto, Ele nunca muda, e faz ainda mais nascer também o Seu glorioso Sol todos os dias, sobre os maus e os bons, porque Ele é bom. A vida toda é um milagre, e Ele é o Autor!

"Rendei graças ao Senhor, porque ele é bom, e a sua misericórdia dura para sempre." (Salmos 107:1)

"A alma generosa prosperará, e o que regar também será regado." (Provérbios 11:25)

Estender a mão para ajudar ao próximo e doar a vida em prol do bem estar do semelhante é o caminho mais curto para a plenitude interior e o sucesso espiritual.

76. Orando por Misericórdia

"Admoesto-te, pois, antes de tudo, que se façam deprecações, orações, intercessões, e ações de graças, por todos os homens;" (1 Timóteo 2:1)

Meus irmãos, aqui Paulo está nos orientando a fazermos deprecações em favor de todos os homens, ou seja, de todas as pessoas, especialmente pelos que estão investidos de autoridade. O que é deprecação? Deprecação é pedir para Deus ter misericórdia, é orar com argumentos, suplicando para que Deus tenha misericórdia, conduza ao arrependimento e perdoe alguém. Mas então o que nós fazemos quando alguma pessoa nos prejudica, nos faz mal ou nos entristece? Sim, não se assuste, o que fazemos muitas vezes é levantar nossa voz em oração cheios de juízo de vingança e pedir ao Senhor: "Deus... Manda Fogo do Céu sobre tal Fulano e sobre Sicrano que me fez mal! Oh Senhor, faz um automóvel vir na rua e acertar aquele pecador atribulado!" E tal e tal. Irmãos isso não é brincadeira, e acontece mesmo. Muitas vezes fazemos este tipo de oração sobre as pessoas, principalmente os "inimigos ímpios."

Amados, nós devemos ter o coração perfeito, nunca devemos pedir ou desejar o mal sobre nenhuma pessoa, em toda situação em que for possível. Nós devemos ser conforme o coração de nosso Pai Celestial em toda e qualquer situação. Devemos pedir a misericórdia de Deus, a cura, a salvação e o arrependimento sobre todas as pessoas, quer nos façam bem ou nos façam mal, na medida em que for possível, porque este é o espírito da Fé de Nosso Senhor Jesus. Irmãos, tenham atitude de fé. Amem ao próximo incondicionalmente. Seja você o espelho da Glória de Deus. Seja você a imagem de Jesus, o transmissor e embaixador do Reino de Deus na Terra.

Se você discernir a Verdade da Palavra de Deus e compreender o Seu Poder Soberano e Eterno, você não precisará odiar ninguém! E como dizem as escrituras, não se canse de fazer o bem (Gálatas 6:9), porque se você perseverar em fazer o bem no devido tempo você será recompensado com grandes e gloriosas bênçãos da parte de Deus. Toda vez que você age de acordo com o caráter de Deus, que é o caráter da misericórdia e do perdão, a presença e a glória de Deus transparecem na tua vida, e o nome do Senhor é engrandecido através de você. O devido julgamento e juízo sobre todos os que praticam o mal já está marcado para o Dia Final, mas Cristo é quem será o Juiz, pois o tempo de hoje ainda é tempo de misericórdia e salvação para todos os que ainda em vida se arrependerem e se converterem a Deus com reto e disposto coração.

"Aquele que vem de cima é sobre todos; aquele que vem da terra é da terra e fala da terra. Aquele que vem do céu é sobre todos. Aquele que aceitou o seu testemunho, esse confirmou que Deus é verdadeiro." (João 3:31)

Jesus não é um conto, nem fantasia, nem invenção. Você não vive com Ele somente em pensamentos e filosofias, Ele ressuscitou, está vivo e é poderoso. Ele é total realidade e sentido, você poderia tocar em suas mãos, olhar nos Seus olhos e falar com Ele. Ele é o Senhor dos Universos, Ele está presente em tua vida e acompanha os teus passos. Ele é respiração, Ele é razão, Ele é Luz, Vida e Verdade sobre nós, e sobre tudo o que pode ser, se mover e existir.

77. Bom Combate

"Não os temais, porque o SENHOR vosso Deus é o que peleja por vós." (Deuteronômio 3:22). "pois a peleja não é vossa, mas de Deus." (2 Crônicas 20:15)

Pratique a Oração, a Obediência à Palavra de Deus e a Pregação, estes três pilares, e você já estará combatendo o bom combate da fé, e estará lutando a verdadeira Batalha Espiritual, que não é uma batalha imaginária paranoica dentro da cabeça de uma pessoa que vive em pânico, mas uma experiência vivencial materializada e diária de submissão, perseverança e devoção a Deus. Esta é a legítima espiritualidade e o caminho da santificação, que vem pelo conhecimento da verdade. A parte da força, do poder e da destronação dos demônios, deixe com o superpotente exército invencível dos anjos do Senhor, meu amado irmão, você não acha que será bem melhor? Se precisar ordenar a expulsão dos agentes do mal da vida das pessoas, expulse, na autoridade do nome de Jesus, mas você não precisa se transformar num ser sobre-humano, nem lutar pelo teu próprio poder contra forças que estão acima da humana compreensão, misericórdia!

"Ele não preserva a vida do ímpio, e faz justiça aos aflitos." (Jó 36:6)

Se você é um ímpio, Deus é paciente e ainda quer que você se arrependa e seja salvo, pois Ele é poderoso para a todos salvar. Mas preciso te dar uma notícia: Ele não tem nenhum compromisso em preservar a vida de quem persiste em praticar o mal sem arrependimento até o fim.

78. Sonhos que Existem

"Aquele que nem mesmo a seu próprio Filho poupou, antes o entregou por todos nós, como nos não dará também com ele todas as coisas?" (Romanos 8:32)

Você sabia que todos os sonhos, aspirações e necessidades mais supremas de todos os seres humanos já foram conquistados, entregues e são totalmente possíveis de serem alcançados? Estão ao alcance de todos os que se dispuserem para buscar a luz, aceitando o Testemunho do Filho de Deus e Autor da Verdade, Jesus.

MISERICÓRDIA – *"Mas Deus prova o seu amor para conosco, em que Cristo morreu por nós, sendo nós ainda pecadores." (Romanos 5:8)*

GRAÇA – *"Porque a graça de Deus se há manifestado, trazendo salvação a todos os homens." (Tito 2:11)*

SALVAÇÃO – *"Porque Deus amou o mundo de tal maneira que deu o seu Filho unigênito, para que todo aquele que nele crê não pereça, mas tenha a vida eterna." (João 3:16)*

PERDÃO – *"Havendo riscado a cédula que era contra nós nas suas ordenanças, a qual de alguma maneira nos era contrária, e a tirou do meio de nós, cravando-a na cruz." (Colossenses 2:14)*

PURIFICAÇÃO – *"E é o que alguns têm sido; mas haveis sido lavados, mas haveis sido santificados, mas haveis sido justificados em nome do Senhor Jesus, e pelo Espírito do nosso Deus." (1 Coríntios 6:11)*

REDENÇÃO – *"Em quem temos a redenção pelo seu sangue, a remissão das ofensas, segundo as riquezas da sua graça," (Efésios 1:7)*

RENASCIMENTO – *"Sendo de novo gerados, não de semente corruptível, mas da incorruptível, pela palavra de Deus, viva, e que permanece para sempre." (1 Pedro 1:23)*

LIBERTAÇÃO – *"O qual nos tirou da potestade das trevas, e nos transportou para o reino do Filho do seu amor;" (Colossenses 1:13)*

JUSTIFICAÇÃO – *"TENDO sido, pois, justificados pela fé, temos paz com Deus, por nosso Senhor Jesus Cristo;" (Romanos 5:1)*

RECONCILIAÇÃO – *"Porque se nós, sendo inimigos, fomos reconciliados com Deus pela morte de seu Filho, muito mais, tendo sido já reconciliados, seremos salvos pela sua vida." (Romanos 5:10)*

SANTIFICAÇÃO – *"E por eles me santifico a mim mesmo, para que também eles sejam santificados na verdade." (João 17:19)*

VITÓRIA – *"E, visto como os filhos participam da carne e do sangue, também ele participou das mesmas coisas, para que pela morte aniquilasse o que tinha o império da morte, isto é, o diabo;" (Hebreus 2:14)*

RESSURREIÇÃO – *"Porque assim como a morte veio por um homem, também a ressurreição dos mortos veio por um homem." (1 Coríntios 15:21)*

GLORIFICAÇÃO – *"Porque para mim tenho por certo que as aflições deste tempo presente não são para comparar com a glória que em nós há de ser revelada." (Romanos 8:18)*

VIDA ETERNA – *"Aquele que crê no Filho tem a vida eterna; mas aquele que não crê no Filho não verá a vida, mas a ira de Deus sobre ele permanece." (João 3:36)*

SATISFAÇÃO E ALEGRIA SEM FIM – *"E, DEPOIS destas coisas ouvi no céu como que uma grande voz de uma grande multidão, que dizia: Aleluia! Salvação, e glória, e honra, e poder pertencem ao Senhor nosso Deus;" (Apocalipse 19:1)*

AMOR PLENO E ETERNO – *"Mas, como está escrito: As coisas que o olho não viu, e o ouvido não ouviu, E não subiram ao coração do homem, São as que Deus preparou para os que o amam." (1 Coríntios 2:9)*

EXISTÊNCIA SUBLIME – *"Amados, agora somos filhos de Deus, e ainda não é manifestado o que havemos de ser. Mas sabemos que, quando ele se manifestar, seremos semelhantes a ele; porque assim como é o veremos." (1 João 3:2)*

NOVOS CÉUS E NOVA TERRA – *"E VI um novo céu, e uma nova terra. Porque já o primeiro céu e a primeira terra passaram, e o mar já não existe." (Apocalipse 21:1)*

SABEDORIA E INTELIGÊNCIA TRANSCENDENTES – *"Mas falamos a sabedoria de Deus, oculta em mistério, a qual Deus ordenou antes dos séculos para nossa glória;" (1 Coríntios 2:7)*

PODERES EXTRAORDINÁRIOS – *"E, se nós somos filhos, somos logo herdeiros também, herdeiros de Deus, e co-herdeiros de Cristo: se é certo que com ele padecemos, para que também com ele sejamos glorificados." (Romanos 8:17)*

DESTRUIÇÃO DO SOFRIMENTO – *"E ouvi uma grande voz no céu, que dizia: Agora é chegada a salvação, e a força, e o reino do nosso Deus, e o poder do seu Cristo; porque já o acusador de nossos irmãos é derrubado, o qual diante do nosso Deus os acusava de dia e de noite." (Apocalipse 12:10)*

FIM DE TODA TRISTEZA E DOR – *"E Deus limpará de seus olhos toda a lágrima; e não haverá mais morte, nem pranto, nem clamor, nem dor; porque já as primeiras coisas são passadas." (Apocalipse 21:4)*

DESTRUIÇÃO DA MORTE – *"E a morte e o inferno foram lançados no lago de fogo. Esta é a segunda morte." (Apocalipse 20:14)*

O JULGAMENTO ÚLTIMO SOBRE OS PERVERSOS – *"Mas, quanto aos tímidos, e aos incrédulos, e aos abomináveis, e aos homicidas, e aos fornicadores, e aos feiticeiros, e aos idólatras e a todos os mentirosos, a sua parte será no lago que arde com fogo e enxofre; o que é a segunda morte." (Apocalipse 21:8)*

O REINADO DA JUSTIÇA – *"Dizendo: Graças te damos, Senhor Deus Todo-Poderoso, que és, e que eras, e que hás de vir, que tomaste o teu grande poder, e reinaste." (Apocalipse 11:17)*

A MANIFESTAÇÃO DA VERDADE – *"Portanto, nada julgueis antes de tempo, até que o Senhor venha, o qual também trará à luz as coisas ocultas das trevas, e manifestará os desígnios dos corações; e então cada um receberá de Deus o louvor." (1 Coríntios 4:5)*

O REINO INFINDÁVEL DA PAZ – *"E reinará eternamente na casa de Jacó, e o seu reino não terá fim." (Lucas 1:33)*

PAZ, REDENÇÃO E ACESSO PARA COM DEUS – *"Porque ele é a nossa paz, o qual de ambos os povos fez um; e, derrubando a parede de separação que estava no meio, Na sua carne desfez a inimizade, isto é, a lei dos mandamentos, que consistia em ordenanças, para criar em si mesmo dos dois um novo homem, fazendo a paz, E pela cruz reconciliar ambos com Deus em um corpo, matando com ela as inimizades. (Efésios 2:14)*

CONHECIMENTO E CIÊNCIA DE DEUS – *"Porque não recebestes o espírito de escravidão, para outra vez estardes em temor, mas recebestes o Espírito de adoção de filhos, pelo qual clamamos: Aba, Pai." (Romanos 8:15)*

ACESSO À PRESENÇA E AO TRONO DE DEUS – *"E ouvi uma grande voz do céu, que dizia: Eis aqui o tabernáculo de Deus com os homens, pois com eles habitará, e eles serão o seu povo, e o mesmo Deus estará com eles, e será o seu Deus." (Apocalipse 21:3)*

VER A DEUS – *"Quem vencer, herdará todas as coisas; e eu serei seu Deus, e ele será meu filho." (Apocalipse 21:7)*

79. Autocontrole

"O VINHO é escarnecedor, a bebida forte alvoroçadora; e todo aquele que neles errar nunca será sábio." (Provérbios 20:1)

"nem os ladrões, nem os avarentos, nem os bêbados, nem os maldizentes, nem os roubadores herdarão o reino de Deus." (1 Coríntios 6:10)

Quer saber a visão da Bíblia sobre a bebida forte? Você poderá ler e analisar cuidadosamente, sem tomar nenhuma conclusão leviana e precipitada, pois é um assunto muito específico. Os antigos do povo de Israel algumas vezes bebiam vinho, principalmente em festas dedicadas para Deus. O consumo do vinho sempre fez e ainda faz parte da cultura dos judeus e de muitos povos, e simboliza alegria. Mas a bebida forte é algo criterioso, e exige controle. O uso de qualquer tipo de bebida forte é altamente advertido como não recomendado na Bíblia, embora não seja propriamente pecado, quando debaixo de astronômico controle. A Escritura declara explicitamente que os bêbados não herdarão o Reino de Deus. Você não pode condenar quem por poucas vezes toma alguma bebida forte, mas é sancionado pecado os que perdem o controle e vivem escravizados pelos delírios do inebriamento. Jesus tomou vinho e comeu pão com os pecadores, e nem por isso pecou por causa da infinita santidade de muitos falsos crentes que crucificam uma pessoa já destruída ao eterno inferno só por causa de um pequeno provar de aguardente. Preste atenção, tudo deve ser interpretado com sabedoria, e sabedoria espiritual.

Não condene como se você estivesse no lugar de Deus, mas também use de entendimento para não ser dominado nem por este e nem por nenhum dos outros prazeres superficiais da carne, seja de comida ou de bebida, pois até quem vier a beber mera água em excesso estará cometendo torpeza e pecando contra a vida do seu metabolismo físico. O verdadeiro crente é nascido de Deus e tem nova natureza, onde existe Autocontrole e Santidade. Quem é espiritual se inclina para as coisas espirituais. A bebedice, à exemplo da glutonaria, é devassa e desprezível obra da carne e pecado, mas o Domínio Próprio e a Moderação são frutos do Espírito. Porém sempre tenha em mente que todo julgamento pertence a Deus.

Você está trocando de casa, de cidade, de emprego, de profissão, de filosofia, de partido político, de amigos, de time de futebol, de família, de ar condicionado, de penteado, de gosto musical, de cachorro e até de nome para conseguir paz? Não é generalização, mas a paz é algo que você só pode construir se for primeiro Dentro de Você. Começa com a tua vida interior, um confronto de acerto de contas e o estado da tua consciência para com Deus. É o teu coração limpo, o espírito fortalecido, a mente purificada, a visão da verdade aberta, o entendimento clarificado, os sentimentos e impulsos controlados, a tua fé estruturada, o teu futuro planejado, os teus empreendimentos debaixo de controle, os teus caminhos ordenados e a tua consciência limpa.

80. Prudentes como Serpentes

"E, se pecar contra ti sete vezes no dia, e sete vezes no dia vier ter contigo, dizendo: Arrependo-me; perdoa-lhe." (Lucas 17:4)

A prática do perdão e do amor para com os irmãos e até para com os inimigos é um dos principais mandamentos de Jesus. Mas preste atenção, perdão incondicional para todos sempre que possível, mas não aprovação do pecado! Até a prática do perdão deve ser exercida com entendimento. Quando algum ímpio ou falso irmão passar o limite das ofensas e começar a querer te levar para o pecado, que é o caminho da destruição, meu irmão e irmã, use de sabedoria e se afaste de todo mal caminho e dos intentos de tal pessoa, e comece a somente orar por ela, em nome de Jesus. Disse o Senhor: *"Sede PRUDENTES como as serpentes e inofensivos como as pombas." (Mateus 10:16)*. Se esforce por ajudar as pessoas, perdoe as ofensas, ore por todas e faça de tudo para levá-las para o Caminho da Salvação, mas se mantenha de olhos abertos e saiba enxergar todos os limites de até onde você pode continuar agindo, cuidando para que não chegue ao ponto de você começar a aprovar o pecado e ser envolvido no caminho mal em que elas estão escravizadas, pois a tua própria integridade espiritual deve primeiramente permanecer intacta diante do Senhor e em todas as circunstâncias.

"Vigiai e orai, para que não entreis em tentação; o espírito, na verdade, está pronto, mas a carne é fraca." (Mateus 26:41)

81. Vitória Replicada

"Tenho-vos dito isto, para que em mim tenhais paz; no mundo tereis aflições, mas tende bom ânimo, eu venci o mundo." (João 16:33)

"Mas em todas estas coisas somos mais do que vencedores, por aquele que nos amou." (Romanos 8:37)

Amados irmãos, vocês entendem porque o verdadeiro cristão tem a fé tão provada e passa por tantas tribulações? Pois saiba que a vitória de cada cristão é uma Réplica da vitória de Jesus Cristo. A mesma vitória que Ele teve sobre o Diabo, sobre o Pecado e sobre o Mundo também é dos Eleitos. Agora entende porque o Diabo foi deixado vivo após a ressurreição de Jesus? Para que, pela Fé, ele sofra a mesma vergonha e derrota bilhões de vezes mais além da que sofreu na Cruz. É evidente que a nossa vitória está em Cristo, e acontece somente através daquilo que Ele fez e conquistou por nós. Devemos saber que dependemos do Senhor, que está em nossos corações, para absolutamente todas as coisas. O Senhor fez o que era impossível para todos e nos concede a salvação gratuitamente pela fé. Ele venceu e condenou o próprio pecado para que fôssemos livres. É a vitória dEle que nos faz vencedores, e não a nossa própria. Assim como é a justiça e a vida perfeita do Senhor que nos faz justos, e não nós mesmos. Nós vencemos, pela fé, mas tudo é através da vida e da obra vitoriosa do Senhor na cruz, que se entregou e venceu por nós para que através dEle fôssemos salvos e tivéssemos vida.

Quando confessamos a vitória de Jesus, que no plano da eternidade já aconteceu para sempre, e tomamos posse do que Ele fez por nós, então nos tornamos mais do que vencedores, e a vitória do Senhor, pela vida e pela presença dEle em nós, é replicada e acontece também nas nossas vidas! Você foi gerado por Deus em Cristo Jesus, conforme a sua Semelhança, e tudo o que Ele fez, você também tem a capacidade de fazer, pelo Seu Nome e através da fé, para a glória de Deus! Por isto somos Seus discípulos, para seguir os Seus exemplos, Seus ensinamentos e Seus passos. Agora você entende os propósitos de Deus? Saiba que Ele é grandioso, maravilhoso e sábio em tudo o que faz. Quem crê no Evangelho e confessa a vitória de Cristo se torna vencedor. Nesta questão, você não precisa lutar, nem fazer sacrifícios impossíveis, simplesmente confesse, pela Fé, a verdade de que o Filho de Deus já venceu para sempre, por todos nós, e você já será incluído como participante desta vitória, que então através dEle será maravilhosamente replicada também para você. Creia que Cristo venceu. Quem não crê e permanece incrédulo não tem a vida de Deus. Você tem que crer e vencer. A tua vida na Terra tem que gerar testemunho do céu e glorificar a Deus, pois uma nova vida espiritual, a vida redimida e eterna de Jesus foi gerada em você. Nenhum derrotado entrará no Reino de Deus, acredite nisto, VOCÊ TEM QUE VENCER, NÃO HÁ SAÍDA!!! Não foi sem motivo que após a sua ressurreição Jesus chamou os seus discípulos de "meus irmãos". Tome posse da vitória que também te pertence, saia das garras e dos grilhões do pecado, da velha vida e do domínio perverso deste mundo derrotado e entre na dimensão do Reino de Deus pela fé e seja cheio do poder da nova vida vitoriosa que foi conquistada para você por Jesus!!!

"Ora, sem fé é impossível agradar a Deus; porque é necessário que aquele que se aproxima de Deus creia que ele existe, e que é galardoador dos que o buscam."
(Hebreus 11:6)

82. Suma Regra de Fé

"Santifica-os na tua verdade; a tua palavra é a verdade." (João 17:17)

Queridos irmãos, tudo o que eu escrevo aqui procede do simples fato de crer que a Bíblia é a Palavra Verdadeira e Infalível de Deus, Viva e Eficaz. Eu nunca tive nenhuma visão paranoica, nunca fui tomado em surto psicótico, nunca fui arrebatado em transe para fora do corpo e nunca vi nenhum espírito. O ministério do Espírito Santo é verdadeiro, os milagres, as visões conscientes e os dons espirituais, mas apenas creio inocentemente na graça de Deus, que nos foi derramada através de Jesus para recebermos a salvação, nascermos de novo e vivermos de acordo com as benditas instruções de vida que estão em toda a extensão da Sua Palavra. Embora você deva ler Ela com a sinceridade de uma criança, Ela também é uma Palavra de Luz e de Superior Inteligência para todos os que se esforçarem em interpretá-la, acompanhado de muita oração e prática vivencial diária na presença de Deus. O Manual do Homem, escrito por seu Arquiteto e Doador de Vida é um Eterno Milagre, e pela sua misericórdia está em nossas mãos – cristãos de língua portuguesa e da grande maioria dos outros idiomas mais importantes. Digo isto para que vocês se alicercem na Palavra Escrita, que hoje está Completa, e crer na Sua Plena Suficiência e Infalibilidade para nos instruir e nos guiar em tudo o que precisarmos nos Caminhos do Senhor. Por isto, se aparecer algum profetador (falso profeta) com pretexto de "visões" na tua vida irmão, não digo que seja impossível Deus falar com alguém, mas enquadre ele debaixo do crivo das Escrituras, pois nelas está a Suma Autoridade da Fé para os fiéis de hoje, e ninguém jamais poderá passar por cima das suas leis.

83. Universo Ilimitado

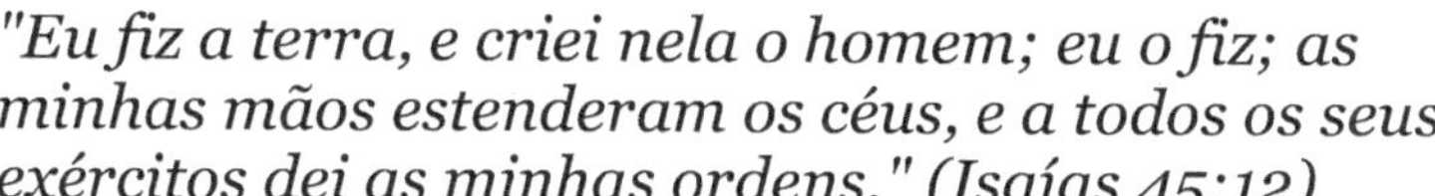

"Eu fiz a terra, e criei nela o homem; eu o fiz; as minhas mãos estenderam os céus, e a todos os seus exércitos dei as minhas ordens." (Isaías 45:12)

Olhe para a Terra maravilhosa e para o espetáculo da face infinita dos Céus. Contemple o mapa estelar dos nossos horizontes. O Universo é uma amplitude impensável e sem fim. Assim, ainda maior do que tudo é Aquele que a eles criou. O Criador é Maravilhoso, e a Sua Grandeza não se pode medir. A dimensão de vida, os poderes, as substâncias, os sentimentos, os sentidos, os significados e as expressões do esplendor da glória de Deus são eternos e inalcançáveis. Ele existe acima de toda existência e sentido, e governa com justiça sobre todas as coisas. Ele não está sujeito a limites, tem todo o poder, chama à existência as coisas que não existem e para Ele nada é impossível. Ele é O Ilimitado, O Inesgotável, O Emanador da Vida, do Poder e da Força Infinita para tudo o que se move e para todo ser que respira. A existência dAquele que nos criou é eterna, em diâmetro e tempo, e não tem fim. Você nunca desejará, e nunca achará nada maior do que o Eterno, e de tudo o que Ele possa te dar. Absolutamente todas as coisas de bem que você possa desejar Ele pode te dar em ilimitada abundância. Ele é o dono de todos os minérios e substâncias preciosas inesgotáveis do Universo, e o detentor de todas as forças energéticas do Cosmos. O Todo-Poderoso Pai criou para você uma dimensão de existência sem fim, onde você se satisfará superabundantemente e poderá se desenvolver interiormente e se expandir livre e ilimitadamente, e experimentar grandezas, esplendores e glórias sem fim para sempre.

84. Discernindo o Governo de Deus

"Dizei entre os gentios que o SENHOR reina. O mundo também se firmará para que se não abale; julgará os povos com retidão." (Salmos 96:10)

Você precisa ter os olhos espirituais abertos, e entender as realidades inseparáveis do Reino da Luz. Este mundo é caído, no entanto o Todo-Poderoso Pai não nos abandonou, o Seu Reino na dimensão superior sobre a Terra nunca foi atingido. Ele nos preparou uma providência de salvação e está executando a Sua obra em favor de todos os que o recebem. Ainda que este mundo esteja debaixo de um domínio corrupto, tirânico e genocida, a Palavra de Deus não falha, e nada escapa do governo superior dos Céus. Você precisa abrir os olhos para compreender a ação soberana de Deus, que acontece mesmo no meio de tanta destruição e obscuridade. Medite e cresça no conhecimento da Palavra de Deus. Existem mais de oito mil promessas na Bíblia.

"A justiça exalta as nações, mas o pecado é o opróbrio dos povos." (Provérbios 14:34)

Vendo este versículo, por exemplo, você saberá que todo país e povo que vive no pecado não prosperará, sucumbirá na vergonha e cairá. E também entenderá que todo país ou povo que pratica a justiça há de prosperar e de ser exaltado. Creia na infalibilidade destas promessas. Isto é discernir o governo de Deus.

As leis no âmbito pessoal são da mesma forma.

"Os olhos do SENHOR estão sobre os justos, e os seus ouvidos atentos ao seu clamor. A face do SENHOR está contra os que fazem o mal, para desarraigar da terra a memória deles." (Salmos 34:15)

Neste texto você entenderá que os justos são contemplados pela proteção e constante cuidado de Deus, ainda que neste mundo sejam afligidos e provados, e que o final de todos os que praticam a justiça será de prosperidade e de paz, ainda que necessitem de paciência. Da mesma maneira você entenderá que os ímpios não estão em boas condições, ainda que pareçam prosperar por algum tempo, pois são abominados por Deus, e Este está determinado a destruí-los e exterminar a memória deles da Terra, embora em tudo isto Ele ainda espere que se arrependam em tempo, pois é rico em misericórdia e poderoso para salvar.

"O SENHOR reinará eterna e perpetuamente;" (Êxodo 15:18)

O governo de Deus está demonstrado em toda a Bíblia, mas se você quer começar a discerni-lo corretamente, comece lendo e praticando o Novo Testamento, Salmos e Provérbios, crendo que todas as declarações e promessas que estão ali são verdade, interpretando-as com inteligência lúcida e transferindo-as para a realidade da vivência diária, pois todos os preceitos e promessas do Senhor são de suma autoridade, fiéis, e cabalmente cumpridos nos céus e na plena esfera terrestre em que presenciamos a vida se desenvolvendo: No viver diário, na sociedade, no trabalho, na comunhão com os irmãos, no caminho da fé, no círculo de amigos, nas relações sociais, nos governos, nos órgãos públicos, nas empresas, nas instituições, no meio acadêmico, no mundo financeiro, no entretenimento, nos esportes, no turismo, na educação, nos pensamentos, nas ciências, no

mundo globalizado, no clima, no tempo, na natureza, nos sentimentos, nas percepções, nos olhares, e no que mais você pensar. Você precisa alcançar a visão de que o Todo-Poderoso reina soberano desde os tempos eternos, mesmo sobre este mundo caído, e nada escapa do cumprimento da Sua Palavra.

Assim acontece em toda a extensão, e em todas as promessas das Escrituras. Você deve estudar e meditar nelas, especialmente nas promessas. Se você interpretar com inteligência sóbria e crer na infalibilidade da Palavra da Verdade, então você entenderá o governo soberano de Deus, diante do qual nada escapa, e que mesmo em meio as dificuldades e tribulações de um mundo caído, você saberá viver com prudência e plena inteligência, acima de toda "conspiração" ou "sistema" malignos que possam estar imperando nos níveis inferiores.

"Lâmpada para os meus pés é tua palavra, e luz para o meu caminho." (Salmos 119:105)

A LÂMPADA DO ESPÍRITO. Você pode ser astuto, e conhecer todas as leis e ciência dos homens, mas somente a Palavra de Deus te dará luz para viver. Pois a Palavra do Senhor é a Verdade, e ela é a lâmpada do espírito, que está no interior do coração, e te dará sabedoria e visão para viver e andar no caminho da verdadeira prosperidade.

85. Tempo do Silêncio

"O Senhor é quem vai adiante de ti; ele será contigo, não te deixará, nem te desamparará; não temas, nem te atemorizes." (Deuteronômio 31:8)

Você é um crente fiel, e parece que Deus parou de falar com você? Persevere fiel pois este é o tempo do silêncio, como aconteceu com Jacó. Não murmure, nem se revolte. Pois se acontecer o tempo do silêncio, é porque Ele te considerou especialmente precioso e preciosa, meu irmão e irmã, passou adiante de você e está trabalhando para realizar um plano totalmente especial para glorificar o Nome dEle sobre a tua vida. Se mantenha firme nos caminhos do Senhor e persevere com paciência na dispensação da fé. O tempo de toda promessa cedo chegará, não tardará, ainda que julguem tarde, pois antes do dia mais que suficiente há de se manifestar.

"mas recebereis poder, ao descer sobre vós o Espírito Santo, e sereis minhas testemunhas tanto em Jerusalém como em toda a Judéia e Samaria e até aos confins da terra." (Atos 1:8)

Deus é Espírito. O Espírito é poder. Quem tem o Espírito de Deus tem poder. Sabemos que o próprio poder pertence a Deus, e que tudo provém dEle. Quem permanece em Deus tem o Espírito, e anda em poder. O Espírito é o que vivifica, e Ele é o que dá testemunho da verdade. Desta maneira, temos que ser sóbrios, não depender de nós mesmos e nos sujeitarmos sempre ao Senhor, pois não é de nós que temos o Espírito, mas de Deus, que nos comprou e nos gerou de novo para participarmos do Seu Reino, e para alcançarmos a Sua Incorruptível Herança pela fé, por intermédio de Jesus Cristo, nosso Senhor.

86. Sucesso Espiritual

"Bendito o Deus e Pai de nosso Senhor Jesus Cristo, o qual nos abençoou com todas as bênçãos espirituais nos lugares celestiais em Cristo;" (Efésios 1:3). "O ladrão não vem senão a roubar, a matar, e a destruir; eu vim para que tenham vida, e a tenham com abundância." (João 10:10)

Não estou pregando facilidades nem paraíso de flores. Mas você nasceu para o sucesso e para a realização, em primeiro lugar no sentido espiritual e interior, que é o real. A felicidade só pode existir se for primeiro na tua vida espiritual e interior, que dura para sempre. Se depender de Deus, Ele já te deu a palavra de vitória, em Cristo, com todos os recursos que você precisa. Mas é preciso um processo de purificação, de crescimento e aperfeiçoamento. É necessário paciência para que seja curado o indivíduo abençoado que você vê no espelho, irmão(ã), com a sua desobediência, justiça própria e incredulidade, para que se levante do chão, tenha os olhos restaurados e alcance maturidade. Continue perseverando firme na jornada, filho(a) de Deus. As promessas de Deus estão sobre você.

Nada escapa do cumprimento da Palavra de Deus. Alcance a visão desta verdade, e você vencerá as provas e tribulações da fé saltando e cantando hinos para a Glória do Senhor!

87. Autoridade sobre o Mal

"Muito mais os que recebem a abundância da graça, e do dom da justiça, reinarão em vida por um só, Jesus Cristo." (Romanos 5:17)

A Palavra de Deus nos ordena a não amarmos o mundo, com os seus desejos corruptos e vaidades. E também nos manda a não ficarmos debaixo do império maligno que paira no mundo, mas somente que nos sujeitemos humanamente às autoridades. Muitos pregam para lutarmos "Contra o Sistema", o que está perfeitamente correto. Mas existe um segredo nas Escrituras: Quem tem o discernimento do governo de Deus e vive no Altar da Graça reina com Cristo, vive acima do Sistema, e tem nada mais e nada menos do que Autoridade Sobre o tal Sistema! Isto é algo grandioso.

Quer saber de um grande mistério? A existência não é matéria, a existência é espiritual. Tudo o que existe provém do espírito. Querido irmão, se você viver segundo a carne e desejar as coisas pecaminosas da carne, você está caminhando para a inexistência e para a morte. Por isto a Bíblia nos manda sermos espirituais e vivermos segundo o espírito. O mundo da matéria existe debaixo do mundo do espírito. O espírito é poder, vida e paz. Quem vive em espírito vive na paz, e permanece na verdade. O Espírito é a verdade.

88. Domínio Maior

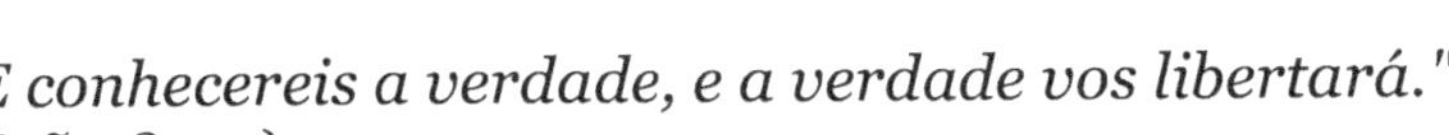

"E conhecereis a verdade, e a verdade vos libertará." (João 8:32)

Você vê que em tudo sempre existe algo além. Além dos olhos, além dos ouvidos, além das palavras, além do tempo, além da matéria, além do pensamento e até além da vida. Mas JAMAIS você encontrará algo Além da Verdade, porque tudo o que estiver além da verdade é a mentira que não existe. Se você encontrar a verdade, irmão, você encontrará TUDO. Jesus é o Caminho, a Verdade e a Vida, somente através dEle você pode ser salvo e ter novamente acesso ao Todo-Poderoso e Bendito Pai, o Deus Único e Verdadeiro, Senhor Altíssimo e Criador de todo ser que respira.

"Falou-lhes, pois, Jesus outra vez, dizendo: Eu sou a luz do mundo; quem me segue não andará em trevas, mas terá a luz da vida." (João 8:12)

Siga a Cristo e você tem a promessa de que você viverá em Plena Luz. A luz é paz. Quem tem a luz da verdade tem paz. A verdade de Deus revelada na sua Palavra é a Luz da Justiça. Jesus Cristo é, Ele mesmo, a Palavra Viva e Eterna de Deus, a Luz que traz à existência a Fé para a Salvação, através do Seu Nome. Quem obedece aos mandamentos do Senhor e ama ao seu irmão está na verdade e anda na Luz. A Luz é a Força da Vida.

89. Bênção Completa

"A bênção do SENHOR é que enriquece; e consigo não traz dores." (Provérbios 10:22)

Você está preocupado e desesperado atrás de bênçãos? Então saiba que Deus é o Dono de todas as Bênçãos. Quando Ele abençoa, abençoado será quem Ele abençoa, e não haverá anulação. E uma vez que Ele entregou a bênção, ninguém terá poder para tirar tudo o que debaixo do Seu Poder é dado por Ele. O Senhor não é Deus de duas palavras, quando Ele abençoa, a bênção é dada abundante, sobejante e integral, sem nenhum desígnio insignificante de subtração ou diminuição, como faz o Inimigo da Verdade. Ele é o Deus de toda dádiva e de todo dom perfeito, Ele é o dono de toda riqueza, Doador da Verdadeira Prosperidade e Paz, generoso, amoroso, poderoso, superabundante, cheio de graça, benigno e misericordioso. Ninguém "perde a bênção", a não ser que a rejeite de propósito, como Esaú. Deus não é Deus de duas palavras, e Ele não é homem para que minta. Bênção quando é de Deus não se perde, salvo se você a desprezar propositalmente. De outra forma, você nunca a perderá. Se perdeu, não era bênção. Não são necessárias disputas, ódios e contendas carnais até com irmãos por qualquer coisa que seja. Quando Deus te dá algo, ninguém tem poder de tomar! Ele é o Dono do Poder. Não desanime e nem desista no meio do caminho. Seja fiel, pois o dia em que Ele te abençoar, ELE VAI TE ABENÇOAR E ISTO É TUDO!

Você quer o segredo da felicidade? O segredo da felicidade só Jesus tem irmão. Mas uma coisa eu posso te dizer: Sem humildade você não chega lá!

90. Mandamento Universal

"No suor do teu rosto comerás o teu pão, até que te tornes à terra; porque dela foste tomado; porquanto és pó e em pó te tornarás." (Gênesis 3:19). "Pois o seu Deus assim o instrui devidamente e o ensina." (Isaías 28:26)

O trabalho é um mandamento universal, ordenado sobre todos os viventes que andam e respiram. Embora se trave com determinação, e com o suor do esforço, ele é uma dádiva, gerador de frutos de bênçãos e não um castigo como muitos o julgam. Se você for disposto e íntegro na tua experiência diária, você tem a promessa de que Deus te ajudará, e te ensinará da melhor maneira todos os aspectos e os elementos da tua profissão, e você terá prosperidade.

"Depois, enviou outros servos, dizendo: Dizei aos convidados: Eis que tenho o meu jantar preparado, os meus bois e cevados já mortos, e tudo já pronto; vinde às bodas." (Mateus 22:4)

Anteriormente eu disse que a Bíblia declara que no Céu e no Reino de Deus você terá tudo o de melhor que possa imaginar que já existe na Terra e impensavelmente mais. Eu tive a impressão de que muitos se contrariaram quando eu extraí do texto sagrado que no Reino dos Céus, que embora não consista em comida e bebida, vai ter vinho e churrasco para sempre. Leia o versículo da Parábola de Jesus acima e interprete você mesmo.

91. Em Direção à Santidade

"Qualquer que comete pecado, também comete iniquidade; porque o pecado é iniquidade." (1 João 3:4)

Pecado é erro. Erro é pecado. Todo aquele que erra sofre dano. Quem sofre dano sem parar e não se corrige até o fim, se destrói. Agora pense: Quem é o ente pensante que acha o erro uma coisa bonita, correta e exemplar? Pois então irmãos, o homem é o ente pensante que acha o erro muito correto, bonito e desejável. Se Deus disse que algo é pecado, obedeça a Palavra dEle. Se cair, peça perdão, mas não seja como os que praticam e continuam praticando o erro sem parar até se destruírem. Quem peca sofre dano e entra no caminho da destruição. O sangue de Jesus nos salva e nos purifica de todo pecado. A Palavra de Deus nos faz sábios e nos santifica. O Temor de Deus nos faz desviar do mal. Se arrependa todos os dias, confesse, abandone o erro e vá colocando o teu presente e futuro no caminho da vida. O caminho da obediência salva do erro.

"Não vem o reino de Deus com visível aparência. Nem dirão: Ei-lo aqui! Ou: Lá está! Porque o reino de Deus está dentro de vós." (Lucas 17:20)

Vou dizer uma coisa que vai assustar muita gente: Você não pode entrar no Céu se você primeiro não tiver vivido ele desde hoje, no teu coração, pela fé, e ter dado testemunho e visto o poder do Reino de Deus, vivendo a nova vida espiritual transformada de Cristo, de forma tocável, diante de todos e ainda em vida nesta Terra.

92. União com Propósitos

"Vós, maridos, amai vossas mulheres, como também Cristo amou a igreja, e a si mesmo se entregou por ela," (Efésios 5:25)

"Ninguém busque o seu próprio interesse, e sim o de outrem." (1 Coríntios 10:24)

Casados: Se o amor que une vocês dois não for maior, e não estiver muito além de satisfação e contato físico, e não houver o sacrifício das ficções egoístas individuais, se não houver partilhamento livre tanto de dores como de felicidades, se não souberem sempre ceder um pelo bem do outro, se não entenderem que o Casamento e a Família não são um jogo de pular cordas, mas uma Santíssima Instituição dos Céus, se não houver sincronia de visão, se não prevalecer o entendimento pelo diálogo, e se Deus e Seus propósitos não forem a razão que une os dois, então vocês vão passar a vida inteira dependendo do alinhamento das estrelas ou do papel empoeirado no arquivo de um cartório para se manterem unidos.

"Respondeu-lhe Jesus: Se alguém me amar, guardará a minha palavra; e meu Pai o amará, e viremos a ele, e faremos nele morada." (João 14:23)

Se você ama ao Senhor, provando isto ao obedecer os seus mandamentos, você será amado por Deus, e o próprio Deus virá tomar o domínio sobre a tua vida, e habitará, com todo o Seu poder e força, dentro do teu coração. E você terá a vida transformada pela Sua gloriosa presença, e como um instrumento em suas mãos você será cheio do Espírito Santo.

93. A Obediência de Cristo

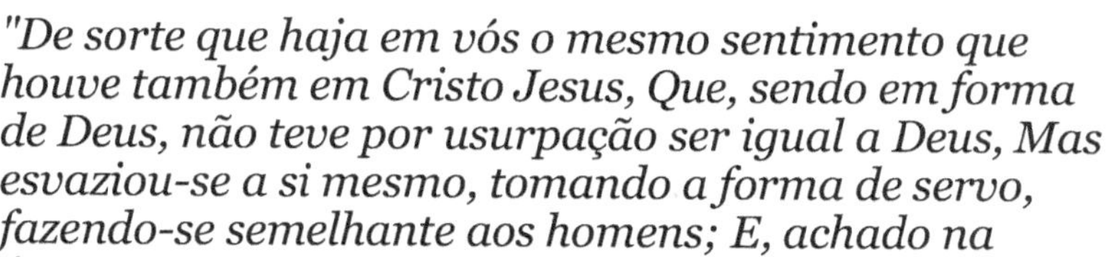

"De sorte que haja em vós o mesmo sentimento que houve também em Cristo Jesus, Que, sendo em forma de Deus, não teve por usurpação ser igual a Deus, Mas esvaziou-se a si mesmo, tomando a forma de servo, fazendo-se semelhante aos homens; E, achado na forma de homem, humilhou-se a si mesmo, sendo obediente até à morte, e morte de cruz." (Filipenses 2:5)

A Escritura nos diz que Deus enviou o Seu Filho ao mundo, nascido em carne como homem, nascido debaixo da Lei como um de nós, para que por meio dele tenhamos acesso ao Pai, vivamos e sejamos salvos. Temos que entender que Cristo, mesmo sendo Deus, não exigiu privilégios, nem invocou para si os direitos divinos que legitimamente possuía, nem ainda lançou mão dos poderes ilimitados que dispunha para si. Ele, mantendo apenas a sua natureza e identidade divina, se revestiu da nossa perfeita natureza humana, com todas as suas insuficiências, dores e limitações, no entanto que em íntegra santidade, e nEle nunca houve nenhum pecado. Ele viveu, interagiu e atuou no mundo debaixo das mesmas condições a que estamos sujeitos, debaixo da total dependência e obediência ao governo e poder de Deus Pai, isto devemos entender.

Ele se fez homem como nós, isto é um dos grandes mistérios da obra da salvação, muito embora nunca teve pecado e nunca anulou a sua identidade e natureza divina. E como Jesus era um só com o Pai, Ele se tornou Emanuel, Deus revestido da nossa humanidade vivendo Entre Nós, o qual foi visto, ouvido e tocado por muitos. E estando nesta condição, Ele se sujeitou a todas as leis e limitações a que todos os homens também estão sujeitos, exceto o pecado. Ele não foi desleal, Ele foi Verdadeiro e Justo: Nasceu de uma mulher, se desenvolveu, cresceu, interagiu com as pessoas, sonhou, desejou, amou, sofreu, serviu ao próximo, obedeceu aos pais, obedeceu às autoridades civis, orou, ouviu a Palavra de Deus, se sujeitou à ordenança universal do trabalho, sentiu tristeza, sofreu com a escuridão, a rebeldia e o ódio nos corações do mundo, esteve sujeito à fome, sede, temperatura e esgotamento físico, foi separado, rejeitado, injuriado, blasfemado, zombado, cuspido, desprezado, discriminado e julgado por indigno. Todas as dores e tribulações que sofremos, Ele também sofreu, e ainda em maior medida do que nós! Ele foi obediente, mas também aprendeu a obediência através das coisas que sofreu. Ele viveu no temor de Deus. Ele não dependia de si mesmo, nem lançou mão do próprio poder.

Ele foi o último a ser atendido, o menos estimado e o servo de todos os homens, por amor à justiça. Ele se sujeitou à dependência do Espírito Santo e da Palavra Escrita, pregou a verdade, curou enfermos, expulsou demônios, promoveu a justiça, o juízo e a paz, iluminou o mundo, anunciou e trasladou o Reino dos Céus para a Terra, entregando a Sua vida como oferta a Deus para salvar o mundo dos seus pecados, e ressuscitou eternamente vitorioso, em poder e glória, para que, tendo Ele vencido, nós fôssemos salvos e justificados diante de Deus para sempre, segundo as justas exigências da Sua reta justiça. Ele foi obediente até a morte. Isto é uma vida perfeita, isto é o sublime exemplo de obediência. Jesus não se exaltou a si mesmo, mas nos amou sem medida e entregou absolutamente tudo de si para que fôssemos salvos, e renascidos em santidade diante do Santo e Justo Deus Único, pudéssemos viver uma nova e regenerada vida, seguindo o Seu bendito e eterno exemplo de obediência e vida reta neste mundo e diante da Face de Deus.

"Porque a terra se encherá do conhecimento da glória do SENHOR, como as águas cobrem o mar." (Habacuque 2:14)

Desperte! Prepare-se, muito em breve Jesus voltará!

94. Vencendo pela Paz

"Os pés dos seus santos guardará, porém os ímpios ficarão mudos nas trevas; porque o homem não prevalecerá pela força." (1 Samuel 2:9)

Amado irmão, se o Inimigo levantar alguma pessoa desprovida para te desafiar de morte e injuriar, domine o teu espírito! Você não vai vencer este ataque sujo pela força, nem pela carne, nem fazendo o mal. Você vencerá pela Sabedoria e pelo Discernimento da Verdade. Comece a orar pela pessoa, comece a pedir a misericórdia de Deus sobre a vida dela, para que seja salva. Apenas entregue a situação nas poderosas mãos de Deus, aja de forma honrada e pacífica, e deixe Ele trabalhar. Conforme você vai retribuindo o mal com o bem, Deus começará a te iluminar sobre a situação, e as forças do mal vão começar a sucumbir. Apenas ore, faça o bem e entregue todas as injúrias nas mãos de Deus, e o poder dEle agirá em teu favor. O Senhor quer que todas as pessoas sejam salvas, lembre-se disto, esta é a vontade final dEle. Creia que o poder maior está do teu lado, diante de quem o Inimigo treme derrotado, mas você só vence pela sabedoria e pelo discernimento inteligente do que está acontecendo, e nunca pela força bruta ou pelo ódio. Ore e persevere em atitude de paz, e você vencerá todas as injúrias e ataques de ofensas que se levantarem contra a Presença de Deus na tua vida.

A esperança reinará até ver firmado no trono o Cetro da Justiça.

95. Inspiração de Fé

"E deram Hebrom a Calebe, como Moisés o dissera; e dali expulsou os três filhos de Anaque." (Juízes 1:20)

A Bíblia inspira ou não inspira o ser humano a ser valente? Vejam bem irmãos, você conhece a história de Calebe, um príncipe de Israel. Quando Moisés enviou os doze espias para reconhecerem a terra de Canaã, viram que lá havia gigantes, e um povo muito terrível. Deus havia prometido que entregaria a terra nas mãos do seu povo. Enquanto dez espias demonstraram espírito incrédulo e desprezível contra Deus, apenas Josué e Calebe creram no Senhor e relataram palavras de ânimo para ir avante e conquistar a terra prometida. Por causa da incredulidade dos dez, todo o Israel se afrouxou cheio de medo e recusou obedecer a Palavra de Deus. Daí vocês sabem como Deus os castigou e a congregação inteira teve que passar mais quarenta anos circulando o deserto até os incrédulos serem consumidos e para que o povo aprendesse a obedecer a voz do Senhor. Mas daí vocês veem, apenas Josué e Calebe sobreviveram àquela geração. E por fim o povo obedeceu a Deus e entrou na terra em guerra para expulsar os cananeus e tomar posse da promessa. E enquanto tomavam a terra vocês pensam que deram de graça a parte de Calebe? Daí é que você se engana! Observe o versículo: *"E deram Hebrom a Calebe, e dali expulsou os três filhos de Anaque".*

Veja que coisa tremenda, Calebe, com oitenta anos, empunhou a espada na mão junto com os da sua casa paterna e, pela fé na promessa de Deus, derrotou três exércitos de gigantes. Então irmão, para Deus não há barreiras que fiquem em pé! Não há situação complicada e nem gigantes que não possam ser vencidos. A mensagem que a Bíblia nos transmite, apesar das blasfêmias de muitos incrédulos, sim irmão, é uma mensagem de coragem, de valentia e de superação pela fé. Assim como Deus foi fiel a Calebe, Ele também será na tua vida e na vida de todos os que se inclinarem para ouvir e obedecer à Sua Fiel Palavra, com fé no imaculado e íntegro caráter do Senhor.

"Bem-aventurados os misericordiosos, porque eles alcançarão misericórdia;" (Mateus 5:7)

Você já perdoou uma pessoa que te fez mal? Você já fez o bem para alguém que desejou a tua desgraça? Já estendeu a mão para salvar um homicida, ladrão e traidor arrependidos? Não estou dizendo para você aprovar o mal, mas para exercer a misericórdia para com os que erram. Praticar o perdão e a misericórdia com discernimento não é uma fraqueza, mas uma virtude divina que só quem é salvo e vencedor pode exercer.

96. Crescendo nas Provas

"E também todos os que piamente querem viver em Cristo Jesus padecerão perseguições." (2 Timóteo 3:12)

Todo crente fiel sofrerá perseguições. Isto não é possibilidade, é uma promessa e sinal do justo Juízo de Deus. Quando você está agradando a Deus, você invariavelmente desagradará o Inimigo. E se o mundo jaz no Maligno, então a vida do cristão fiel será alvo de uma grande batalha dos Céus. A prática da justiça neste mundo custa um alto preço. Mas é exatamente nas adversidades e perseguições que você se fortalece, amplia a visão espiritual, vê a manifestação do poder de Deus e vai se tornando um vencedor ao superar cada obstáculo. É também no ardor do fogo das provações que Deus glorifica o nome dEle e nos revela os Seus doces mistérios. E Ele nos deu a promessa de que sempre estará ao nosso lado em toda situação e só sairemos das tribulações com a vitória nas mãos. A caminhada com Deus é uma caminhada de grandes provas, mas também de gloriosas manifestações do Seu poder e da Sua salvação. Deus quer e prometeu que te fará um vencedor, e que você dará testemunho do Seu poder, e glorificará o nome dEle através da tua vida nesta Terra.

"Bem-aventurados os mansos, porque eles herdarão a terra;" (Mateus 5:5)

Vocês veem aquela pessoa tranquila, inofensiva, que não tem forças para revidar as ofensas e não se vinga nem quando proferem as piores injúrias contra ela? Você pensa que ele(a) é um coitado? Pois saiba que os mansos e quebrantados de espírito herdarão a Terra.

97. Prova de Amor

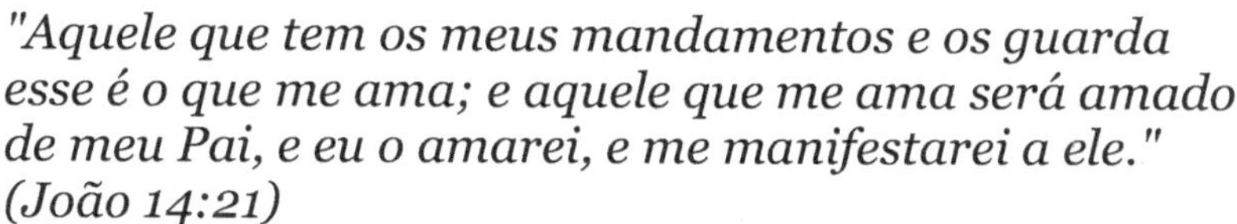

"Aquele que tem os meus mandamentos e os guarda esse é o que me ama; e aquele que me ama será amado de meu Pai, e eu o amarei, e me manifestarei a ele." (João 14:21)

De nada adianta você chamar Jesus de meu amado, meu noivo, meu doce, e não guardar os Seus mandamentos. Em tempos decorridos Ele era chamado somente de amigo, mas havia submissão e obediência a Ele. Você tem que saber que Ele é o Senhor, infinitamente santo, que nos resgatou do mal, digno de toda honra, ter viva fé no Seu Nome, e ser uma testemunha e discípulo, seguindo os seus passos de humildade, autossacrifício e entrega incondicional para promover os planos e a vontade de Deus. Assim será provado diante de todos o teu verdadeiro amor para com o Senhor.

"Levanta-se Deus; dispersam-se os seus inimigos; de sua presença fogem os que o aborrecem." (Salmos 68:1)

Tenha fé. Não olhe para as adversidades que você porventura possa estar passando. Deus é especializado em dar a vitória do fraco sobre o forte. Ele dá a vitória para os que o temem até mesmo sobre o mais terrível inimigo vindo das trevas, porque simplesmente ELE É DEUS!

98. Perseverar

"Mas Cristo, como Filho, sobre a sua própria casa; a qual casa somos nós, se tão somente conservarmos firme a confiança e a glória da esperança até ao fim." (Hebreus 3:6)

A salvação é recebida já desde o momento em que os olhos da fé de uma pessoa são abertos e ela alcança a verdade. Mas ao receber a salvação, o crente precisa perseverar, e precisa crescer e se manter firme na fé em toda situação até o fim, para que a prova da salvação se estabeleça e a mesma se complete. Se uma pessoa que foi salva se desviar da fé, olhar para trás e se endurecer, e não tornar a se arrepender em tempo de esperança, a salvação pode ser perdida.

"Lembrando-nos sem cessar da obra da vossa fé, do trabalho do amor, e da paciência da esperança em nosso Senhor Jesus Cristo, diante de nosso Deus e Pai," (1 Tessalonicenses 1:3)

Guarde a esperança, e procure o conhecimento das promessas de Deus, em Cristo, que são ordenadas para você, pois a esperança te firmará, e te fará corajosamente paciente diante do Senhor, na contemplação antecipada da glória já presente e que também há de se manifestar sobre todos os salvos.

99. Juízo de Redenção

"E, visto como os filhos participam da carne e do sangue, também ele participou das mesmas coisas, para que pela morte aniquilasse o que tinha o império da morte, isto é, o diabo; E livrasse todos os que, com medo da morte, estavam por toda a vida sujeitos à servidão." (Hebreus 2:14-15)

Jesus teve que sofrer um juízo supremo e de altíssimo preço, um Juízo de Redenção, para obter a nossa salvação. Ele, sendo perfeitamente justo, por levar sobre si os nossos pecados, ainda assim sofreu a penalidade da morte. E por esta causa o Diabo perdeu o direito de posse e domínio de sobre os salvos, e porque não até de sobre todo o mundo, e no plano da eternidade já foi aniquilado.

"Bendito o Deus e Pai de nosso Senhor Jesus Cristo, que, segundo a sua muita misericórdia, nos regenerou para uma viva esperança, mediante a ressurreição de Jesus Cristo dentre os mortos," (1 Pedro 1:3)

Há quem negue a ressurreição de Jesus e a sua vinda em carne no mundo. Sem a ressurreição de Jesus não há esperança, e sem ela, não há a salvação. A obra da redenção de fato se efetivou não somente na morte, mas antes teve seu êxito final depois da ressurreição vitoriosa do Senhor. "E, se Cristo não ressuscitou, é vã a nossa pregação, e vã, a vossa fé;" (1 Coríntios 15:14)

Parte 3

100. Projeto Sublime

"Amados, agora somos filhos de Deus, e ainda não é manifestado o que havemos de ser. Mas sabemos que, quando ele se manifestar, seremos semelhantes a ele; porque assim como é o veremos." (1 João 3:2)

No princípio o homem foi criado para ser muito maior e mais elevado do que ele é hoje. Você foi feito para ser "apenas" um pouco menor do que os anjos. O plano de Deus é para que o homem seja o Espelho da Glória dEle, a Sua verdadeira Imagem e Semelhança. O primeiro homem, Adão, o primeiro matriz da raça humana, pecou e deixou a corrupção, o sofrimento e a morte entrarem no mundo e passar para todos os seus descendentes. O último Adão, Jesus nosso Senhor, o novo matriz da raça humana, que é espiritual, nasce do espírito e vem do Céu, venceu o mal, praticou a justiça e nos trouxe de volta a condição para termos realizado em nós o plano original de Deus e ainda maior, pois foi implantada em nós a semente de vida incorruptível e participação da natureza divina, nos tornando não mais somente criatura, mas Filhos de Deus. Assim como Jesus, você não é mais um ser Criado, mais GERADO de Deus pelo Espírito Santo. Em todo tempo dê graças a Deus pela sua maravilhosa providência de cura, de socorro e salvação que Ele nos entregou através de Cristo. Mas saiba que você ainda não é tudo para o que foi salvo para ser. Você foi salvo para herdar a Promessa da Glória de Deus e ser, ainda que não igual, mas Semelhante ao Filho de Deus.

Nem mesmo o mais rico dos homens pode ser tão bem-aventurado como aquele que tem sabedoria para perdoar as ofensas dos seus semelhantes.

101. Mundo Elevado

"Porque assim diz o SENHOR que tem criado os céus, o Deus que formou a terra, e a fez; ele a confirmou, não a criou vazia, mas a formou para que fosse habitada: Eu sou o SENHOR e não há outro." (Isaías 45:18)

Contemple o amanhecer, o Sol, o vento agitando as plantas, a harmonia das cores da natureza, a majestade dos montes, a sincronia da vida dos animais, o canto dos pássaros e o trabalho perfeito dos homens. Esta Terra foi feita para hospedar uma vida superior, de sentido muito elevado. O que Deus projetou para nós no princípio foi uma existência de justiça, de harmonia e de paz acima de toda comparação. Nós, hoje, não vivemos nem mesmo 10 (dez) por cento do projeto inicial que foi feito para nós. Aliás, com a queda do homem, ficamos muito abaixo disto. Mas a boa notícia é que tudo o que nos era destinado foi conquistado de volta para nós, por meio da bendita e maravilhosa obra de Jesus, para nos resgatar e nos dar de volta para sempre a vida, a paz e a comunhão com Deus, nosso Criador.

"Eis que o obedecer é melhor do que o sacrificar; e o atender melhor é do que a gordura de carneiros." (1 Samuel 15:22)

Todo crente passa por provações, é o que está escrito. Mas para quem vive em oração e obedece a Palavra do Senhor, não se espante, a prova é um tanto mais curta!

102. Desígnio Divino

"E, sendo ele consumado, veio a ser a causa da eterna salvação para todos os que lhe obedecem;" (Hebreus 5:9)

"Porque a graça de Deus se há manifestado, trazendo salvação a todos os homens," (Tito 2:11)

Deus é aquele que nos salva, em Cristo, e não nós mesmos. A salvação é um desígnio que parte primeira e exclusivamente da vontade de Deus, que nos amou e enviou o Seu Filho para nos salvar dos nossos pecados, nos transformar em justos e ressuscitar juntamente com Ele começando desde o espírito. Desta maneira, temos confiança nEle e plena certeza de que a Sua salvação tem poderosa operação, é eficiente e se faz manifestar testificável sobre todos os que recebem o Seu Santo Evangelho.

Essa luta que você está passando irmão(ã), você há de vencer! Há de vencer porque poderoso é o Senhor teu Deus que está adiante de você para desterrar os teus inimigos, e porque fiel é a promessa que Ele nos entregou desde os tempos antigos! Aproveite para exercitar a perseverança na fé, o amor aos irmãos, a paciência e a obediência à Palavra do Senhor porque Deus há de ser exaltado e glorificado na tua vida desta vez e em toda e qualquer situação que possa se levantar no futuro, no tempo e no espaço, em nome de Jesus!

103. O Testemunho da Vitória

"Jesus respondeu: Na verdade, na verdade te digo que aquele que não nascer da água e do Espírito, não pode entrar no reino de Deus." (João 3:5)

"Mas graças a Deus que nos dá a vitória por nosso SENHOR Jesus Cristo." (1 Coríntios 15:57)

Todo aquele que recebe a vida de Cristo está destinado a percorrer uma carreira de vitória com um final vencedor. Eu não estou dizendo que o cristão é imortal, nem mesmo imune a cometer pecado, mas que ele só pode sair desta Terra depois de ter vencido a batalha da fé, ter dado o Testemunho da Verdade e da Vitória de Cristo. É imprescindivelmente necessário que você complete a carreira que foi destinada a você, e que você glorifique a Deus antes de sair do mundo, nem mesmo que seja através da própria morte, por amor ao Evangelho. Eu te dou testemunho, e afirmo que se você realmente crê no Filho de Deus e possui a salvação, Jesus não te deixará morrer em vão, e nem sem nenhum motivo, pois você foi gerado nEle por Deus, feito herdeiro e participante da natureza divina para a vida eterna. Sem o testemunho da vitória de Cristo não há glorificação de Deus, e sem a glorificação de Deus não há a salvação. O Evangelho não é ideologia, e também não é adesão à uma mera filosofia de vida. O Evangelho é o poder de Deus para salvação de todo aquele que crê. Ele é operação miraculosa envolvendo toda a personalidade do ser humano. Ele é transformação e renascimento sobrenatural espiritual que compreende toda plenitude do ser, e resulta em vida eterna.

"Porque o SENHOR é justo, e ama a justiça; o seu rosto olha para os retos." (Salmos 11:7)

104. Vencedor e Salvo

"Assim que, se alguém está em Cristo, nova criatura é; as coisas velhas já passaram; eis que tudo se fez novo." (2 Coríntios 5:17)

Preste atenção, se você verdadeiramente é salvo, e crê no Filho de Deus, você não pode morrer sem antes ter dado testemunho, experimentado o poder, a transformação e a glória da salvação de Deus, que está em Jesus Cristo, ainda em vida. Isto é o Evangelho. Isto é a Realidade e a Promessa de Deus para todos os que aceitam a Sua Luz. Ele é Fiel. Nenhum derrotado herdará o Reino de Deus. Se você é salvo, você tem que ser vencedor, pois é o poder de Deus que te dá isso, e Ele mesmo prometeu que se você for realmente salvo, você só sairá daqui depois que vencer a batalha da fé, dar testemunho da verdade e glorificar o nome dEle diante de todos sobre a Terra.

"Porque para Deus não haverá impossíveis em todas as suas promessas." (Lucas 1:37)

"Quem vencer, herdará todas as coisas; e eu serei seu Deus, e ele será meu filho." (Apocalipse 21:7)

"E quem jurar pelo Céu jura pelo trono de Deus e por aquele que no trono está sentado." (Mateus 23:22)

Existe um Ser Supremo que vive e está acima de nós, o Senhor Todo-Poderoso Deus, que nos criou, e que tem todo o Domínio Maior dos Reinos da Terra e de todos os Povos Ascendidos dos Universos Superiores.

105. Vigilância e Prudência

"O ladrão não vem senão para roubar, matar e destruir; eu vim para que tenham vida, e a tenham com abundância." (João 10:10)

Tenha a mais absoluta certeza: O Diabo é o deus deste século, domina com mãos de ferro o mundo dos incrédulos, e Sem Jesus é impossível para qualquer mortal ser liberto do poder dele. O sacrifício de Jesus foi para destruir o poder do Inimigo de sobre o mundo, nos libertando da sua Potestade pelo derramar do Seu Precioso Sangue Imaculado, como expiação de efeito eterno de todos os nossos pecados. O Inimigo é um tipo de arcanjo caído, um ser que era de elevadíssima ordem no Céu, antes de cair, cheio de sabedoria e poderes sobrenaturais, que não se podem nem pronunciar. E, embora tenha sido derrotado pelo Céu na batalha de Miguel, ele ainda mantém inimaginável ciência dos poderes e mistérios que regem o mundo superior, sendo ele um dos que tinham acesso à presença e já viu a face de Deus. Deus não está brincando com esta questão, de ordem urgente, referente ao Destruidor, ao ponto de deixar esta criatura alcançar o status de ser chamado de Inimigo dEle. Se Deus enviou Jesus para nos libertar, é porque não era com qualquer coisa que Ele estava lidando. Tenha os olhos abertos e constante vigilância sobre o Adversário, pois ele é real, sempre está levantando armadilhas e só pode ser vencido através da Submissão e do Temor a Deus. Esteja sempre atento, pois se não for pelo Filho de Deus, você pode ganhar até o mundo, mas jamais poderá ser liberto e salvo do pecado e do poder de tal criatura.

"O qual nos tirou da potestade das trevas, e nos transportou para o reino do Filho do seu amor;" (Colossenses 1:13)

106. Eleição Eterna

"Eleitos, segundo a presciência de Deus Pai, em santificação do Espírito, para a obediência e a aspersão do sangue de Jesus Cristo." (1 Pedro 1:2)

Os cristãos de hoje pensam que a Eleição de Deus para a Salvação aconteceu somente no tempo de Pedro, a dois mil anos. A Eleição é um desígnio de Deus para todos os tempos, e que inclusive está acontecendo hoje, na era dos astronautas e das telecomunicações. Por quê? Deus parou a sua obra? De maneira nenhuma irmãos! Pois hoje ainda continua sendo da mesma maneira, sem subtração alguma, a mesma era do pecado, dos assassínios, do ódio, da depravação moral e da iniquidade entronizada no coração deste mesmo mundo tenebroso. Os telescópios, a inteligência artificial e a tecnologia 3G ainda não trouxeram a salvação para o mundo. Pois a corrupção, a rebeldia e o domínio do reino das trevas continuam exatamente o mesmo dos tempos dos apóstolos. Quem não tem o Filho de Deus não poderá, de maneira nenhuma, escapar da corrupção deste mundo, nem ainda com a maior medicina, ciência atômica ou genética que possa existir. A ascensão da ciência é apenas uma ilusão para fazer as pessoas deixarem de acreditar na verdade imutável e eternamente atual da Palavra de Deus. Deus ainda está chamando os seus Eleitos, segundo o seu firme propósito, que passa todos os tempos, ainda nos dias de hoje, até a consumação das dispensações, até que se manifeste dos céus a vinda de Seu Filho, Jesus Cristo, em quem temos esta eleição para alcançarmos a salvação, que se opera já desde a aceitação da fé, e também está para se realizar integralmente, e conquistarmos acesso para viver novamente, redimidos e livres de todo pecado na presença do nosso Deus e Pai. Não perca a tua fé, apesar destes tempos difíceis, os Eleitos do Todo-Poderoso Deus ainda estão por ai no mundo, dando testemunho da verdade e trazendo aos olhos de todos a prova da Sua poderosa salvação, que está em Jesus.

107. Instituição Divina

"E foi também convidado Jesus e os seus discípulos para as bodas. [...] Jesus principiou assim os seus sinais em Caná da Galiléia, e manifestou a sua glória; e os seus discípulos creram nele." (João 2:2, 11)

Eu repito a dizer: Se você brinca com o teu casamento, e com a tua família, saiba que Jesus honrou grandemente o casamento, revelando que o mesmo precipuamente provém e é obra do próprio Deus. Ele realizou o primeiro dos seus sublimes milagres daqui numa festa de casamento, impedindo que o noivo fosse desmerecido e trazendo alegria para aquele lugar. Deus fez questão de mostrar o valor, a honra e a importância que ele dá a esta instituição sagrada a ponto de existir até nos Céus: A Família. Quer que eu te diga uma coisa? Acho que você vai se assustar. Então escute: Quando você, noivo e noiva amantes, se ajoelharam diante do sacerdote para fazer os votos de união, creio que você nem pensava, mas vou dizer. Está pronto? Então saiba: Jesus estava lá também! De manto e vestes enfeitadas, apreciando e se alegrando na festa de vocês dois. Seria isto pouco? Você duvida? E você vai desistir do projeto de Deus para você por causa de motivos insignificantes e supérfluos? Ele não deixaria para trás a instituição mais sagrada que existe entre nós. Eu não estou dizendo que você está preso à outra pessoa como se fosse o dedo de Deus, pois se acontecer a causa da infidelidade, o próprio Senhor disse que é permitido que haja o divórcio, se a pessoa vítima da indignidade assim o quiser. Mas mude a tua mentalidade, se você pensa que o casamento é um jogo de bater figurinhas, misericórdia, exorcize este pensamento! O casamento é um compromisso do Céu extremamente sério que indivisivelmente só pode ser contraído com a total intenção de ser para a vida toda, onde você irá se entregar a Deus e lutar para levantar não menos que uma família, esquecer o interesse individual e sim senhor(a): Virar até Super-Herói para promover a felicidade do outro cônjuge, e, se vierem, também dos filhos.

108. O Novo Adão II

"Os quais não nasceram do sangue, nem da vontade da carne, nem da vontade do homem, mas de Deus." (João 1:13)

O homem natural é o que nasce de Adão, o primeiro matriz da raça humana, de quem todos primeiramente nascemos, que é o nascimento natural, segundo a carne. E posto que Adão pecou, e nele entrou a corrupção, toda a sua descendência foi feita pecadora. O homem espiritual é o nascido de Deus, nascido do Espírito. Este é nascido do novo matriz da raça humana, Jesus, Filho de Deus, filho de Abraão e filho de Davi segundo a carne, segundo a promessa, o Santo de Deus, que após entrar no mundo, dar testemunho da verdade e consumar a obra da redenção dos nossos pecados, pelo seu sacrifício supremo, tendo obtido a nossa justificação no seu sangue, ressuscitou e nos deu a vida eterna, a todos os que o recebem. Este é o Novo Matriz da raça humana, espiritual, redimida. Os que nascem de Deus através dele são homens espirituais, renascidos e regenerados desde o espírito, em perfeita justiça e santidade, de semente e natureza incorruptíveis, que após serem aperfeiçoados pelas tribulações do tempo presente, ressuscitarão também integralmente, em corpos glorificados e incorruptíveis, segundo a promessa da esperança para qual todos os salvos estão predestinados, para herdarem a Vida Eterna e o Reino Celestial que há de vir, e que interiormente já está presente.

"Os olhos do homem sábio estão na sua cabeça, mas o louco anda em trevas." (Eclesiastes 2:14)

Preste atenção e purifique os teus olhos, o coração do ser humano deve estar no seu intelecto, e não nos desejos da sua carne.

109. Oração de Entronização a Deus

Ó Senhor, Soberano Deus Eterno Pai! Nos colocamos ante a tua presença, e invocamos a graça da tua bendita intervenção. Eis que o Inimigo ininterruptamente se levanta, com furor e ódio inexistível, para destruir, entre os homens, todos os que, com reto e sincero coração, levantam os olhos para Ti, para invocar e exaltar o teu Nome, através do teu Santo Servo, Jesus. Mas eis aqui: Porventura, Senhor, não projetaste isto desde tempos antigos, pela tua antesciente visão, e não está também o próprio Inimigo e todos os seus exércitos debaixo de tuas mãos? Pois na infinitude dos Céus e na Terra, quem é aquele que, como se diz, se insurgirá, e escapará do teu poder? Portanto, ao Derradeiro Dominador tributamos o Reino, e a Ele devolvemos toda honra, louvor e glória, pois confessamos que nem o bem e nem o mal foge da tua sabedoria, do teu plano, e da força do teu braço de justiça, e que criatura nenhuma em cima nos céus ou embaixo na Terra, no tempo e no espaço eterno, poderá subsistir e se erguer ante o esplendor da glória da tua Majestade. Para ti, pois, confessamos o mérito, o domínio e o reino, em nome de Jesus, Amém!

110. Debaixo da Graça

"Porque o pecado não terá domínio sobre vós; pois não estais debaixo da lei, e sim da graça." (Romanos 6:14)

Você só pode permanecer livre do pecado se você se mantiver debaixo da graça. Por isto, se desfaça do teu próprio mérito, e tome para si o mérito de Cristo. Deixe a tua justiça própria, e se revista da justiça do Senhor. E principalmente, deixe os teus poderes próprios, reconhecendo que você não tem e não é nada sem Ele, e se revista somente do poder do Salvador. Isto é estar na graça: É estar em Cristo. Não será mais o teu poder, mas o poder do Senhor. Não será mais a tua capacidade, mas a capacidade que vem dEle. Não será mais o teu agir, mas o agir do Soberano operando maravilhas. Assim a Presença e a Glória do Senhor começarão a se manifestar poderosamente através de você, pois você se esvaziou de si mesmo e se encheu da Vida e da Presença dEle em você, se colocando na Sua completa disposição e dependência, que trarão frutos abundantes em você, pois Ele é a Videira Verdadeira, e você é somente Seu Ramo. Assim você estará firmado na Graça, debaixo da Completa Dependência do Único que tem poder até para todos os impossíveis que se apresentarem diante de você, como para todos os irmãos. Preste atenção, pois estar sujeito ao Senhorio e Autoridade de Jesus é a condição para se permanecer na Graça, contemplado por sua constante proteção.

"Se alguém não estiver em mim, será lançado fora, como a vara, e secará; e os colhem e lançam no fogo, e ardem." (João 15:6)

111. A Imutabilidade de Deus

"Porque eu, o SENHOR, não mudo; por isso vós, ó filhos de Jacó, não sois consumidos." (Malaquias 3:6)

Os tempos passam, os povos e nações se levantam, prosperam em justiça e caem no pecado de novo, mas o Senhor nosso Deus não muda! Se desenvolvem as épocas, passam as gerações, muda a ciência, vem as filosofias e os pensamentos dizendo-se futuristas e depois voltam a desaparecer, mas o Senhor permanece imutável, e a sua Palavra e os seus Propósitos firmados nos Céus para sempre! Assim é a nossa vida irmão(ã), você pensa que algo deu errado na tua vida, que as coisas saíram do controle? Pois bem amado, sou eu e você, somos todos nós que mudamos, e não o Senhor! Você pensa que existiu uma época feliz na tua vida, e depois tudo ficou tremendamente mais difícil? Pois então, precioso filho do Pai, sou eu e você, e somos todos nós que mudamos! Lembra daquele tempo em que você era cheio da Glória, pulava na unção ardendo em chamas, e sentia um grande avivamento até no mundo, e agora parece que tudo se esvaziou e o poder sumiu? Pois é, querido herdeiro de Deus, sou eu e você, e somos todos nós que tornamos outra vez a mudar, e o Deus da unção e do poder do Espírito continua exatamente Aquele Mesmo que te incendiava e consumia a tua alma em fogo!

O que acontece então, servo da Luz? Acontece é que nos apartamos da Simplicidade e Pureza do Evangelho, e inventamos uma imensidão de clichês, de regras pseudossantificadoras, de padrões volúveis de justiça própria, idolatrando modelos perfeitos de super-homens autossuficientes e inalcançáveis em santidade, venerados à moda de semideuses. Porque começamos a cultuar o eu-mesmo-sou e lançamos para trás das nossas costas o Somente-Ele-É! Porque começamos a cultivar um grandioso plantio de árvores verdejantes dentro do jardim do nosso ego, o eu-sou-o-arrebenta-mundo, do eu-tenho-o-poder e buscando somente a nossa própria promoção pessoal, almejando a nossa própria glória, afagando a glória uns dos outros, e atirando de lado a única glória verdadeira que vem do Deus Único! Porque nos dói muito na nossa fotoluminescência ouvir as palavras do Senhor, que diz: *"Eu sou a videira, vós as varas; quem está em mim, e eu nele, esse dá muito fruto; PORQUE SEM MIM NADA PODEIS FAZER." (João 15:5)*. Porque no trono da nossa vida não está mais o Senhor, mas os nossos próprios desejos, sonhos e ambições! Porque eu vou na Igreja, mas se fulano não me cumprimentar ou me olhar feio, eu não vou mais nos cultos! Se sicrano tiver oportunidade, e eu não, eu largo o ministério! E se o pastor me olhar vesgo durante a mensagem, eu não dou mais o dízimo! Por quê? Porque começamos a cultivar o eu-sou, e esquecemos que Somente, e Somente Ele É! Ele é o nosso Salvador, em quem temos a restauração da vida e o perdão dos nossos miseráveis pecados. Ele é o nosso Senhor, em quem somos libertos e salvos das mãos do Inimigo. Ele é o nosso Guia e Mestre, em quem temos o caminho para a verdadeira vida e para a luz. Ele é o nosso Deus, único digno de toda a nossa obediência, de toda a honra e glória na nossa vida e na de todos os nossos irmãos.

Lembre-se disto, Ele é o Centro de Tudo e o Supremo Pastor que nos mostra o caminho certo à nossa frente. *"Porque éreis como ovelhas desgarradas; mas agora tendes voltado ao Pastor e Bispo das vossas almas." (1 Pedro 2:25)*. E por incrível que pareça, precisamos ouvir novamente este versículo de Pedro. Entalhe isto na tua mente: Ele é o Único Digno, o Único Justo, o Único Santo, e principalmente, o Único Poderoso que há entre nós! Lembre-se disto, meu irmão, não é o Senhor, não é o Seu Poder, nem a Sua Palavra, nem a Sua Presença, sou eu e você, e somos todos nós que mudamos, teimamos e nos desviamos de seguir os passos e os mandamentos dele, quando Ele nunca deixou de ser Fiel, de ser Justo e de Permanecer Imutável em todas as suas Promessas que um dia Ele fez e continua fazendo para mim e para você, e para todos nós.

"Jesus Cristo é o mesmo, ontem, e hoje, e eternamente." (Hebreus 13:8)

112. Parte Mais Difícil

"Porque por tuas palavras serás justificado, e por tuas palavras serás condenado." (Mateus 12:37)

"A morte e a vida estão no poder da língua; e aquele que a ama comerá do seu fruto." (Provérbios 18:21)

A verdade é que o Inimigo só vem para roubar, matar e destruir totalmente as pessoas. Depois de receber um novo coração, que é a promessa de Deus e o maior de tudo para os salvos, a maior batalha que você travará depois será para libertar a tua mente, um campo de guerra que só é liberto com a absorção e prática contínua e persistente da Verdade, a Palavra de Deus. Mas você já pensou sobre qual é a parte peculiar do ser humano que o Diabo mais procura dominar e que Deus tem mais trabalho para libertar? Quem diria irmão, acho que você não sabia, pois a parte do ser humano que o Inimigo mais luta para dominar e que Deus tem mais trabalho para libertar é a língua! Se você se arrepender diariamente, confessar somente aquilo que edifica e traz paz, sempre abençoar e nunca amaldiçoar as pessoas, você mesmo e as coisas ao teu redor, se você encher a tua boca de salmos, hinos e cânticos todos os dias, se você glorificar, confessar e engrandecer o nome do Senhor em todo momento, se enchendo do conhecimento dos seus mistérios, então você estará no caminho para conquistar esta poderosa arma espiritual, de grande poder para dar a vida a você mesmo, e para transformar e mudar a tudo e a todos os que estão à tua volta. Se você dominar a língua, a Bíblia diz que você é simplesmente um ser perfeito!

A diferença entre o ouro e a sabedoria é que o ouro compra coisas passageiras da Terra, mas a sabedoria é uma força da eternidade que dá vida ao seu possuidor.

113. Humildade Espiritual

"Se dissermos que não temos pecado nenhum, a nós mesmos nos enganamos, e a verdade não está em nós. Se confessarmos os nossos pecados, ele é fiel e justo para nos perdoar os pecados e nos purificar de toda injustiça." (1 João 1:8, 9)

Lembre-se que todo crente ainda está sujeito à pecar enquanto estiver na Terra, e que embora você está morto para o pecado e liberto dele, você é salvo e nasce de novo não para desde agora adquirir a impecabilidade, mas que você recebe uma nova natureza para poder lutar contra o pecado, vencendo ele passo a passo, se arrependendo e confessando-o todos os dias, para manifestar progressivamente a vida ressurreta e transformada que você tem em Cristo. Também lembre-se que se você pecar, você não pode permanecer no pecado, de maneira alguma, mas confessar, clamar a misericórdia de Deus e se esforçar para viver cada dia mais de acordo com o padrão de vida que ele destinou para nós, como homens e mulheres santos, espiritualmente ressuscitados e regenerados em Cristo.

"Todo aquele que permanece nele não vive pecando; todo aquele que vive pecando não o viu, nem o conheceu. [...] Todo aquele que é nascido de Deus não vive na prática de pecado; pois o que permanece nele é a divina semente; ora, esse não pode viver pecando, porque é nascido de Deus." (1 João 3:6, 9)

"Tornai-vos, pois, praticantes da palavra e não somente ouvintes, enganando-vos a vós mesmos." (Tiago 1:22)

114. Receita para Matar o Orgulho

"Confessai, pois, os vossos pecados uns aos outros e orai uns pelos outros, para serdes curados. Muito pode, por sua eficácia, a súplica do justo." (Tiago 5:16)

Muitas são as áreas a serem tratadas em nosso crescimento na fé, mas você deve prestar atenção dobrada para este sentimento específico, que é um tremendo vetor de destruição espiritual. Há várias formas apropriadas de matar o orgulho, como o jejum, mas se arrepender do erro, pedir perdão e confessar os pecados, primeiramente a Deus em oração, e também publicamente para os irmãos, mata até o osso dele!

O texto é claro: *"Confessai os vossos pecados uns aos outros e orai uns pelos outros."* Quem tem coragem? A promessa está clara de que haverá cura espiritual e talvez até física.

"O temor do SENHOR é o princípio da sabedoria; bom entendimento têm todos os que cumprem os seus mandamentos;" (Salmos 111:10)

A sabedoria é desta forma: Ou você dá ouvidos ao teu pastor, aos teus pais e as pessoas mais velhas, sobretudo guardando e praticando os mandamentos das Escrituras, ou então você aprende pagando bem doído no chicote da vida!

115. Plano de Devocional Diário

"Lâmpada para os meus pés é tua palavra, e luz para o meu caminho." (Salmos 119:105)

Isto te ajudará a se tornar forte e a crescer progressivamente na presença de Deus: Todos os dias, acorde vinte minutos mais cedo, e depois de se preparar e tomar as tuas refeições normalmente, se separe com o coração disposto, ore a Deus por cerca de cinco minutos (não que seja proibido orar muito mais) e leia dois capítulos da Bíblia. Isto não te pesará absolutamente nada e te fará crescer em estatura diante do Senhor e ainda sempre te renovará para um dia cheio da sua força, paz e esperança. Aos domingos, você pode dobrar a meditação o quanto se sentir disposto. Nunca leia a Bíblia à força, ela é pura paz! Se você é novo convertido, comece lendo o Evangelho de João, depois os demais livros do Novo Testamento, Salmos e Provérbios. Sempre peça orientação ao teu pastor e depois prossiga para os demais livros. Se houver contratempo e você faltar um dia, não há pecado nenhum nisto irmão(ã), apenas seja sincero e mantenha o esforço para cumprir diariamente a disciplina. Graça e Paz!

116. Natureza Insaciável

"Porque, se viverdes segundo a carne, morrereis; mas, se pelo Espírito mortificardes as obras do corpo, vivereis." (Romanos 8:13)

A natureza da carne é insaciável, e o seu padrão de justiça é totalmente impossível de ser alcançado. Por mais que alguém lute segundo a carne, nem ainda em mil anos de peleja e de insistência conseguirá vencer. O mandamento sobre a velha natureza é não para que seja atendida e acariciada nos seus desejos sórdidos, mas para que seja crucificada, pela autonegação e obediência à Palavra de Deus, para que possa haver o revestimento da nova natureza regenerada e incorruptível que recebemos de Cristo! Viver segundo a carne é caminhar para a morte. Todos os ímpios, que são os que vivem segundo a carne, e que não se arrependeram no tempo que lhes foi dado, mesmo que tenham desfrutado de todos e dos totais prazeres possíveis deste mundo durante as suas vidas, morrem com fome, sede, enlouquecidos de ódio e ainda perdem a única coisa mais preciosa que tinham para sempre: As suas almas! A providência de salvação que nos foi dada por Deus em Jesus foi para que recebêssemos a verdadeira vida, que nasce desde um novo espírito e transforma progressivamente a totalidade da existência de quem a recebe. A vida de Cristo não são meros prazeres pecaminosos e passageiros, que levam à destruição, mas transformação interior, poder e ressurreição sobrenaturais gerados por Deus desde o espírito, que se manifestam passo a passo desde o presente e prosseguem soberanamente durando para sempre, numa vida abundante, restaurada, plena e sem limites.

117. De Dois em Dois

"E DEPOIS disto designou o Senhor ainda outros setenta, e mandou-os adiante da sua face, de dois em dois," (Lucas 10:1)

"E, servindo eles ao Senhor, e jejuando, disse o Espírito Santo: Apartai-me a Barnabé e a Saulo para a obra a que os tenho chamado." (Atos 13:2)

Quando houver saída para missão de evangelização, seja local ou a um lugar distante, o mais apropriado é serem enviados de dois em dois discípulos. E estes devem ser enviados pela Igreja, pessoas experientes, que tem Vida no andar com Deus, Ciência e Testemunho da Palavra, autorizados pelos pastores sob a direção do Espírito Santo. Embora não seja estritamente proibido, nunca saia para evangelizar sozinho, a não ser que o Espírito expressamente te abra os olhos em visão para isso (Atos 8:26). É um padrão determinado para uma melhor eficiência e proteção para o mensageiro, sempre que possível.

"Os carros correrão furiosamente nas ruas, colidirão um contra o outro nos largos caminhos; o seu aspecto será como o de tochas, correrão como relâmpagos." (Naum 2:4)

Palavra de Deus escrita cerca de 2.600 anos atrás pelo profeta Naum. Você ainda duvida sobre quem é aquele que tem o controle dos tempos e das épocas?

118. Testemunho do Céu

"Curai enfermos, ressuscitai mortos, purificai leprosos, expeli demônios; de graça recebestes, de graça dai." (Mateus 10:8)

Querido irmão, cresça no discernimento, meditação e prática da Palavra da Verdade, deixe Deus trabalhar em você, se dobre no altar do sacrifício vivo e crucifique o teu orgulho para obedecer os Seus mandamentos e cumprir os Projetos e Sonhos dEle, e não os teus próprios. Tenha um testemunho e uma caminhada de fé cheios da presença e da glória do Senhor. Seja transformado pelo revestimento interior da nova vida e da mente de Cristo para adquirir a visão da verdade dos olhos que veem além da própria luz, os olhos da fé. Então você começará a testemunhar e a ver coisas sobrenaturais e espantosas acontecendo no agir da mão de Deus através da tua vida. Esteja certo de que um verdadeiro discípulo do Senhor terá o Testemunho do Céu sobre ele, e deve cumprir as Promessas do Evangelho, que consiste na manifestação do Poder de Deus muito acima de somente palavras, pois o agir procede dEle e nenhum poder sai propriamente de você. E entre todas estas promessas, também se incluem todos estes mandamentos para tornar visíveis o poder e a justiça do Reino do Senhor!

Está aqui irmão(ã). Pregador sem Diploma, mas que passou pelo Fogo de Deus e é aluno da Escola de Elias! Você também será um(a)!

119. Glorificando a Deus

"Se pelo nome de Cristo sois vituperados, bem-aventurados sois, porque sobre vós repousa o Espírito da glória e de Deus;" (1 Pedro 4:14)

Não existe a caminhada da fé sem provação, pois se você se tornar um verdadeiro filho ou filha de Deus, ela virá, e não se assuste, pois isso é até uma Promessa! E porque também está escrito que importa que por meio de muitas tribulações entremos no Reino de Deus. Por isto, no dia em que vier a provação, irmão, não desanime, não blasfeme e nem se enfureça contra Deus ou contra o próximo, pois a provação é um sinal de que você foi Salvo, é Nova Criatura e já tem a Vida Eterna. A provação tem pelo menos três propósitos: Provar a tua Fé, te dar Crescimento Espiritual e Manifestar a Glória de Deus através da tua vida, através da tua obediência e perseverança, para que seja manifesto quem você é em Cristo, se sujeitando à Ele no Santo Temor da Verdade e sustentando a Esperança na sua Inesgotável Providência de Livramento e Salvação. Você já viu um irmão na fé em que brilha a luz e a glória de Deus nele? Pois se for verdade, isto é resultado de permanecer fiel debaixo da mão do Senhor mesmo depois de grandes Tribulações e Provas de Fé. Não existe crescimento, e não existe manifestação da Glória de Deus sem Provas de Fé.

"Mas alegrai-vos no fato de serdes participantes das aflições de Cristo, para que também na revelação da sua glória vos regozijeis e alegreis." (1 Pedro 4:13)

Deus é sobremodo Magnífico e Sábio para violentar à força o destino e a decisão de qualquer pessoa. Por isto mesmo a própria salvação vem através do surgimento da fé e não através de mera decisão.

120. Dom Valoroso

"Não que procure dádivas, mas procuro o fruto que cresça para a vossa conta." (Filipenses 4:17)

O chamado para contribuir financeiramente para a obra de Deus, como suportar os líderes, ajudar os pobres e irmãos em necessidades, também é um Dom. E parece impressionante, mas quase ninguém quer ter este dom, pois é preciso muita fé para acreditar que em tudo o que é feito para Deus, quanto mais se doa, mais se ganha. A lei da semeadura neste campo também é verdadeira. Mas saiba que também é um Dom, dado pelo Espírito Santo, e tão importante quanto o de profecia ou milagres, e que você pode vir a ter. E ainda que não produza nenhum espetáculo para quem está à volta, é tão importante e honrado quanto todos os outros.

"De modo que, tendo diferentes dons, segundo a graça que nos é dada, [...] o que contribui, faça-o com liberalidade;" (Romanos 12:6-11)

"Do qual toda a família nos céus e na terra toma o nome," (Efésios 3:15)

Querido irmão(ã), a Família é uma coisa do Céu, presente e projeto incomprável de Deus dado para você, e você vai abandonar o que Ele te deu?

121. O Juízo Final

"Porque o juízo será sem misericórdia sobre aquele que não usou de misericórdia; e a misericórdia triunfa do juízo." (Tiago 2:13)

"Bem-aventurado e santo aquele que tem parte na primeira ressurreição; sobre estes não tem poder a segunda morte;" (Apocalipse 20:6)

Não queira ter a sorte das pessoas que enfrentarão O Dia do Juízo Final, quando todos os mortos que não foram salvos na Primeira Ressurreição, ressuscitarem. Todos aqueles que julgaram o próximo sem misericórdia, destruíram e mataram pessoas sem piedade. Naquele dia, estes serão examinados, desmascarados e começarão a suplicar por misericórdia. Mas no mesmo instante será mostrado um tipo de vídeo em três dimensões de quando ele em vida, mostrando a sua crueldade, o seu desprezo e impiedade sobre os humildes, sobre o próximo, e sobre os pobres e sacrificados do mundo, levantando o dedo contra o Céu e desafiando o Supremo Dominador. No mesmo instante o réu cairá com a face em terra, estremecerá e começará a dizer: Ó Senhor Jesus! Nós conhecemos muito bem a tua mensagem, e sabemos que o Senhor é cheio de Amor, Bondoso e Perdoador, tem misericórdia e perdoa-me a mim também, me dê somente mais uma chance, pois agora estou arrependido! Então no mesmo instante, o Senhor dará a sentença, e sem rodeios, somente fará um aceno com a mão para o anjo executor, e este ímpio, que não se arrependeu para crer no Amor da Verdade enquanto na Terra, como num susto, será veloz e furiosamente lançado no Lago de Fogo, como uma palha, para sofrer o Juízo do Tormento Eterno. E não haverá santo ou piedoso

que o poderá livrar das chamas da vergonha e da destruição para todo o sempre, de dia e de noite, pois mesmo tendo recebido a providência da salvação, que foi para todos, pelo sacrifício da morte do próprio Filho de Deus, mesmo assim a rejeitou com desprezo e escárnio, zombando da Palavra da Graça. Portanto, é bom temermos a Deus e praticar a misericórdia, a tolerância e o domínio próprio para com todas as pessoas, mas principalmente para com os irmãos, os Salvos e Eleitos da Fé, a quem devemos amar, e amar ao ponto de, se necessário, dar a nossa própria vida por eles, como Cristo fez por nós.

"Dize-lhes: Vivo eu, diz o Senhor DEUS, que não tenho prazer na morte do ímpio, mas em que o ímpio se converta do seu caminho, e viva." (Ezequiel 33:11)

"O SENHOR prova o justo; porém ao ímpio e ao que ama a violência odeia a sua alma." (Salmos 11:5)

O que é um ímpio? Todos nós um dia fomos ímpios, é o que a Bíblia diz. Ímpio é todo aquele que não tem piedade, o que usa e julga no Juízo Sem Misericórdia. Deus odeia quem não usa de misericórdia, mas ao mesmo tempo deseja que todos, até mesmo estes que ainda são incrédulos, aceitem a luz do Céu sobre os olhos, se convertam e sejam salvos.

122. Imitadores de Deus

"Sede, pois, imitadores de Deus, como filhos amados." (Efésios 5:1)

Você pode imitar a Deus? Sim pode e é isso que Paulo está nos ordenando a fazer. Deus é amor? Sim, então seja você também cheio de amor! Ele é perdão? Sim, então assim proceda você com todas as pessoas. Ele é paz? Sim, então seja promotor da mesma onde quer que você for! Ele é misericordioso? Sim, então vai você e tenha misericórdia de quem pecou! Ele é Generoso? Sim, extremamente! Então vai você, disponha o coração e abra a mão para o semelhante, principalmente os irmãos! Ele é Justo? Sim, a própria Justiça em Pessoa! Então, seja você também assim! Ele é Benigno? Sim, cheio de benignidade! Então que você se sinta abençoado e agradecido quando você ver o sucesso dos outros! Ele é Santo? Sim, Ele é aquele Único que traz em si mesmo o nome de Santo, na plenitude desta palavra! Então, seja e viva assim você também! Ele é Altruísta? Sim, totalmente resignado, a ponto de entregar o Seu Filho para nos salvar! Então vai você e se entregue para socorrer, salvar e ajudar os teus irmãos! Lembre-se que está claro e evidente que esta ordem é para imitarmos os atributos Morais dEle. Eu tenho certeza que você não tentará imitar o PODER de Deus, não é mesmo irmão? Misericórdia! No mais, vai estudando a Palavra da Fé e você conhecerá muito mais de todos os atributos maravilhosos do Senhor, que pelo seu Poder Maravilhoso nos deu a Vida Verdadeira, em seu Filho, para que você, como Filho e Filha da Luz, possa cada dia mais crescer e se parecer cada dia mais com o teu Eternamente Bendito e Glorioso Pai!

123. Quarta Dimensão

"Para poderdes perfeitamente compreender, com todos os santos, qual seja a largura, e o comprimento, e a altura, e a profundidade," (Efésios 3:18)

Você estava procurando a Quarta Dimensão? Então está aí! Esta profundidade a que Paulo se refere neste versículo não se trata do diâmetro de distância tridimensional, como quando olhamos para um poço, túnel ou abismo. Ele não citaria uma quarta extensão se não se tratasse do universo do espírito, o qual se sobrepõe em profundidade extradimensional dominando acima e no interior da terceira dimensão, que vemos com os nossos olhos. O nosso intelecto, o nosso espírito e alma, a essência da nossa existência residem e existem não no mundo material, que vemos, mas nos Domínios do Espírito, o qual não vemos. No entanto, podemos enxergar e sentir ele claramente no abrir dos nossos olhos espirituais, principalmente pelo ouvir e meditação da Palavra de Deus, a qual nos ilumina para o conhecimento das Maravilhas Extraordinárias da Glória de Deus, da Verdadeira Vida e da Verdade. A forma e a visão desta profundidade extradimensional eu não ouso nem tentar explicar, pois é tão grandiosa e transcendente que sequer pode ser expressa em qualquer figura exata que exista nesta dimensão visível. Mas a boa notícia é que Deus quer nos dar a compreensão perfeita, através do espírito, de todas as dimensões e expressões das manifestações da sua existência, poder e glória, pois somos renascidos dEle, criados em Cristo Jesus para uma nova vida e superior sentido de consciência.

124. Ordem Já Entregue

"E disse-lhes: Ide por todo o mundo, pregai o evangelho a toda criatura. Quem crer e for batizado será salvo; mas quem não crer será condenado." (Marcos 16:15)

Querido irmão, se algum profeta te falou que Deus tem um plano para você, e que você vai ser "Profeta das Nações" e vai "Rodar o Mundo" pregando o Evangelho, este profeta é um ESCARNECEDOR, pois pregar o Evangelho a todos quantos possíveis, inclusive até em TODAS AS NAÇÕES, é simplesmente uma ORDEM DO SENHOR que já foi dada a todos os Seus discípulos, antes dEle subir aos Céus! Todo aquele que julgar que tem maturidade, TESTEMUNHO DE VIDA E FÉ PROVADA no andar com Deus, a visão e conhecimento das Boas Novas da Salvação, sob a capacitação do Espírito Santo, e tiver estrutura logística para ir às nações afora, já tem desde o princípio a Ordem e o Chamado para esse campo, e tem a Promessa do Sucesso na Missão, do Socorro e da Proteção do Senhor!

A vida não consiste na fatalidade. O Céu reina. Nada acontece no "susto". O tempo todo você está trilhando caminhos espirituais. Tudo e qualquer coisa que acontece é um processo de MUITOS PASSOS. De toda forma, sempre haverá tempo para o arrependimento. O quanto você honra e glorifica a Deus é o que determina a tua sorte e o teu destino. A vida não é um jogo, é um Teste de Fé. O domínio do Céu é verdadeiro, justo e muito bem organizado. Tudo o que você semear você colherá. E eu diria que o Soberano Senhor nunca falha, e paga com férias, adicionais e décimo terceiro, sejam boas ou más obras.

125. Livre Escolha

"Nisto se manifesta o amor de Deus para conosco: que Deus enviou seu Filho unigênito ao mundo, para que por ele vivamos." (1 João 4:9)

A Verdade existe. Uma só é a Verdade, a Verdade de Deus Manifesta no Verbo Eterno da Criação, em Jesus, Seu Filho, que Ele nos enviou, que é Deus, aquele que nos criou, encarnado, vindo e nascido como homem no mundo, como um de nós, que viveu entre nós e entregou voluntariamente sua vida para nos salvar dos nossos pecados. Se você quiser, você pode tentar fugir disto ou até zombar da Palavra dos Céus, pois você é um ser que tem o livre-arbítrio, que ninguém te tirará, e o direito de decidir o que bem julgar, e o teu direito de decidir e julgar não será de maneira nenhuma tirado de você, pois você é Criação e Imagem do Todo-Poderoso e Único Deus, o Eterno Pai da Luz!

A sabedoria te livra de muitos sofrimentos desnecessários, perda de tempo e de incontáveis prejuízos. A Palavra de Deus é a maior fonte de sabedoria e luz que nos foi dada. Mas preste atenção, se você tem o privilégio de ter pessoas experientes e vividas ao teu redor, como os pais, avôs, um líder ou alguma outra pessoa próxima, valorize as experiências e conselhos desta pessoa, pois a sabedoria conduz ao caminho da vida e do verdadeiro sucesso, mas tenha certeza que para alguém, um dia e em algum lugar, ela sempre terá custado um alto preço.

126. Desafio do Céu

"Ele, porém, respondendo, disse-lhes: Não tendes lido que aquele que os fez no princípio macho e fêmea os fez, E disse: Portanto, deixará o homem pai e mãe, e se unirá a sua mulher, e serão dois numa só carne? Assim não são mais dois, mas uma só carne. Portanto, o que Deus ajuntou não o separe o homem." (Mateus 19:4-6)

"Porque, se vivemos, para o Senhor vivemos; se morremos, para o Senhor morremos. De sorte que, ou vivamos ou morramos, somos do Senhor." (Romanos 13:8)

A geração de hoje em dia tem se esquecido de que o casamento é santíssima instituição ordenada por Deus. Muitos pensam que Ele não santificou a união familiar. O casamento é aprender a viver em união, é saber dividir, saber sofrer juntos em prol de um propósito sagrado. Você vai se assustar, mas o verdadeiro casamento não consiste somente na intimidade física! Se fosse o caso, Jesus entende da plena humanidade muito mais do que o Diabo! Você pensava que não, não é mesmo? Inclusive que a intimidade conjugal não é o sentido da vida, e que sozinha não pode fazer ninguém feliz! E tem mais, você foi criado, em primeiro lugar, para Deus, e não primeiramente para o seu cônjuge. E quando Ele une, ele te une para ser de uma só pessoa para sempre, até que a morte os separe!

O casamento não é uma brincadeira, é um Desafio do Céu para você se entregar e se sacrificar a si mesmo, se desfazendo do interesse próprio, para formar uma família e para ver até onde você ama e tem a intenção de fazer a outra parte feliz! E vou te dar um conselho: Coloque o Pai Celestial em primeiro lugar, e não a outra parte, pois Ele é a razão que os une e para quem os dois devem viver! E por incrível que pareça, não diga somente que você tem que ser fiel à outra pessoa, seja em primeiro lugar Fiel a Deus, e tenha uma aliança com Ele, pois se você for fiel a Deus, será fiel em tudo!

"Porque, andando na carne, não militamos segundo a carne. Porque as armas da nossa milícia não são carnais, mas sim poderosas em Deus para destruição das fortalezas;" (2 Coríntios 10:3)

No mundo espiritual existem dois tipos de luta: A luta segundo a carne, e a luta segundo o espírito. A diferença entre as duas é que na luta segundo o espírito a vitória é certa e garantida, pelo poder do Senhor. Já na luta segundo a carne o contrário também é verdade. Luta segundo o espírito quem observa a Palavra de Deus, obedecendo os mandamentos de Deus e de Jesus. Preste atenção e saiba onde você está lutando, leia Gálatas 5:16-26.

127. Novidade de Vida

"Digo, porém: Andai em Espírito, e não cumprireis a concupiscência da carne." (Gálatas 5:16)

A única solução para a nossa vida é crer em Cristo, se revestindo da nova vida que temos nele. Esta nova vida é gerada primeiramente em nosso espírito, e somos feitos novas criaturas, para andarmos em novidade de vida, libertos do pecado e transformados pela renovação do nosso entendimento e visão da verdade para uma nova esperança. Mas a Palavra de Deus nos adverte, a dimensão da carne, a velha natureza, é um desastre tão terrível, e tão dominada pelo mal, que nela nem mesmo em mil anos de batalha e nem nunca você conseguiria vencer o Inimigo! Por isso muitos crentes vivem tristes, frustrados e desanimados da vida, pois não compreenderam o mistério da vida de Cristo, que nos é dada à partir do momento que cremos, mas que só se desenvolve pela comunhão com Ele, no Espírito Santo, e na prática da Palavra de Deus, o que muitas vezes nos exige renúncias, negação da nossa própria vontade e não raramente, nos levará também a muitas humilhações, sofrimentos e desprezo por parte dos homens ímpios, segundo os padrões desprezíveis do mundo. É preciso fé, submissão e perseverança diante do Senhor, pois os seus caminhos e padrões são muito mais elevados e santos do que os nossos e os do mundo, e Ele quer nos levar para uma existência de vida real, de conhecimento espiritual, de poder e de vitória verdadeira como nunca jamais vistos nos nortes de vida vazia deste mundo.

A vida não é uma diversão, é uma razão e um significado eterno. O seu preço é incalculável.

128. Fé Simples

"Digno és, Senhor, de receber glória, e honra, e poder; porque tu criaste todas as coisas, e por tua vontade são e foram criadas." (Apocalipse 4:11)

Não importa o quanto a ciência questione, e nem o quanto especulem sobre a origem de tudo e de como foi o processo da criação do mundo. No nosso caso, nem ainda saber a forma geométrica da Terra é algo desesperador, pois todos, em princípio, somos pequenos demais para tudo. A Salvação é concedida de forma simples, que em primeiro lugar só exige a Fé sincera e verdadeira no Testemunho e na Palavra de Deus. A própria Bíblia revela grandes mistérios, e às vezes será necessário expô-los para manifestar as grandezas de Deus, mas isto não é exigência para alguém ser aceito para a salvação, pois basta para alguém crer humildemente no Evangelho de Cristo, e que Deus é o Supremo Pai Criador de Tudo. A grandeza dele é insondável. O poder de Deus são dimensões, sentidos e existências inimagináveis. A forma exata como tudo foi criado nunca deixará de ser um mistério e por enquanto nada disto, em exatidão, nos será exigido, pois esta vida é uma provação de fé, e o que o Senhor quer de nós, por enquanto, é somente a nossa fé e obediência no Seu Testemunho, que Ele manifestou em Jesus Cristo seu Filho, a quem Ele enviou, que é a Palavra da Verdade, Viva e Poderosa, Manifesta e Revelada da parte de Deus no ministério de simplicidade e poder do Espírito Santo para a salvação de todo aquele que crê.

"O justo nunca jamais será abalado, mas os perversos não habitarão a terra." (Provérbios 10:30)

Se você pensa que o mundo é para os bons e maus, você está enganado. A Terra foi feita para os justos, para aqueles que são tementes a Deus e guardam os seus mandamentos.

129. Mito das Igrejas

"Mas todos nós, com rosto descoberto, refletindo como um espelho a glória do Senhor, somos transformados de glória em glória na mesma imagem, como pelo Espírito do Senhor." (2 Coríntios 3:18)

Existe um mito nas Igrejas de que o Diabo cuidava da adoração no Céu antes de cair. A Bíblia nos diz que ele exercia um principado e governo (Isaías 14:16). Eu não sou ninguém para contrariar o mito das Igrejas, mas preste atenção: Se ele verdadeiramente cuidasse da adoração jamais teria caído, pois a adoração transforma de glória em glória o adorador!!! E quer um segredo? Vencer o Adversário não é opção para o cristão, é necessidade imprescindível de quem foi gerado de novo em Cristo. Mas saiba que o Inimigo não tem medo de que você simplesmente vença ele, ele tem medo de que você glorifique a Deus!!! E quer que Deus comece a procurar você? Quer ser transformado? Quer atrair a Sua Presença? Então jogue fora o teu orgulho, se renda ao Seu Eterno Amor e comece a adorá-lo!

"Justiça e juízo são a base do teu trono; misericórdia e verdade irão adiante do teu rosto." (Salmos 89:14)

Deus domina pela justiça. Sim, Ele tem todo o poder, e também domina eternamente pelo seu poder, como está escrito, mas os princípios deste Seu domínio são a justiça e o juízo.

130. Processo de Crescimento

"Já estou crucificado com Cristo; e vivo, não mais eu, mas Cristo vive em mim; e a vida que agora vivo na carne, vivo-a na fé do Filho de Deus, o qual me amou, e se entregou a si mesmo por mim." (Gálatas 2:20)

Vai aguentando a provação ai irmão, depois que você recebe a nova vida de Cristo, existe um processo de mortificação da velha natureza, a carne. Saiba que Jesus te ama, trabalha com paciência, vai tocar no teu Orgulho e mexer com a tua Imagem de Super Homem e Super Mulher! O extermínio do ego é obra do Espírito Santo. O poder do Senhor só se aperfeiçoará em você através da fraqueza. Somente quando você se tornar pequeno, a grandeza de Cristo brilhará em você. Deixe Deus te quebrar, deixe Ele trabalhar em você, Ele é o Oleiro da inteligência perfeita, e você é um vaso a ser refeito. Supere o processo, tenha perseverança, Ele sempre saberá o que está fazendo, o alvo dEle é te dar o sucesso, a restauração, a plenitude de vida e a vitória. Só agradeça e louve o Senhor, você está em Sua Potente Mão Invencível! Vai orando, vai adorando, continue servindo em Sua obra. Uma grande surpresa Ele já tem reservado para você lá na frente, creia nEle! Para se revestir da nova vida, você precisará se desfazer da velha essência interior, com seus desejos e paixões nocivos. Existe um altar de sacrifício vivo no Céu, e é lá que você terá que entregar tudo: desejos, sonhos e aspirações, para que Cristo comece a integrar você e preencher todas as esferas da tua vida. A transformação pessoal operada pelo Espírito Santo existe, e é real! Deus só vai começar a te usar quando você souber que você sozinho não é nada, não tem e não pode nada, e que depende dEle para tudo o que você tem e que precisa fazer.

131. Supremo Sacrifício

"E ele é a propiciação pelos nossos pecados, e não somente pelos nossos, mas também pelos de TODO O MUNDO." (1 João 2:2)

A Salvação nos foi dada pela obra e pela Graça Maravilhosa de Deus. Jesus, no Seu sacrifício pela salvação do mundo, pagou os pecados de todos os homens, tanto dos que são salvos quanto dos que se perdem. Em prática, por causa da justiça de Deus, a salvação foi conquistada com poder para alcançar a todos, embora nem todos a receberão, e nem todos serão salvos. Não houve pecado que não tenha sido pago. Não houve nem sequer um pecado de todos os homens que não tenha sido pago por Jesus na Cruz, tanto dos justos quanto dos ímpios, fato pelo qual o Senhor conquistou o direito de se tornar o Juiz dos Vivos e dos Mortos, tanto dos que se salvam como dos que se perdem. Portanto, também os ímpios, quer aceitem ou não, todos os pecados deles também já foram pagos por Jesus, para que a Completa Justiça de Deus fosse cumprida no Seu Supremo Sacrifício sobre a Cruz. Se não se arrependerem em tempo para crer no Evangelho, agora já não há desculpas para tão grande incredulidade, já estão condenados e sofrerão o Salário do Juízo Eterno. Porém, crendo ou não, eles têm que saber que todos os pecados do mundo, incluindo todos os deles, já foram todos inteiramente pagos, e agora nunca mais haverá justificativa para os que permanecerem incrédulos e na prática da impiedade! O sacrifício de Jesus tanto é Salvação como também é Condenação para o mundo. Pois se alguém não se arrepender nem mesmo com a morte do Filho de Deus, de onde haverá salvação para tão horrenda incredulidade? Assim, Deus demonstra a sua completa justiça, e não há argumentos para quem rejeita a Sua Providência e Oferta de Salvação através de Cristo, que é dada a todos aqueles que dispuserem seus corações para a Luz e se entregarem debaixo do Domínio do Seu Reino.

132. Sinal de Salvação

"Mas alegrai-vos no fato de serdes participantes das aflições de Cristo, para que também na revelação da sua glória vos regozijeis e alegreis." (1 Pedro 4:13)

Os sofrimentos, quando são por amor à Cristo, são um presente aos verdadeiros cristãos, pois são um sinal de que receberam o Dom da Salvação e se acharam dignos de ser participantes da glória de Deus e de Cristo, sofrendo juntamente com o Senhor, nas mesmas aflições que ele suportou. Para um verdadeiro cristão, sofrer por causa da sua vida reta e obediente à Cristo é motivo de indizível gratidão e alegria, pois significa que foi achado digno de ser participante da Glória de Cristo e de herdar o Reino de Deus. Se você sofre por causa da justiça, você é Filho de Deus. O Sublime Pai também corrige aos filhos a quem ama e a quem recebeu, mas aos que estão de fora, não há cuidado nenhum sobre eles. E também não se entristeça, nem queira se vingar quando os incrédulos ou falsos irmãos te desprezarem, cuspirem e perseguirem, pois assim foram tratados os antigos Enviados da Luz, e sobre você já repousa o Espírito da Glória do Senhor.

"E, se nós somos filhos, somos logo herdeiros também, herdeiros de Deus, e co-herdeiros de Cristo: se é certo que com ele padecemos, para que também com ele sejamos glorificados." (Romanos 8:17)

"E criou Deus o homem à sua imagem; à imagem de Deus o criou; homem e mulher os criou." (Gênesis 1:27)

Você é o Espelho da Glória de Deus. O Diabo não te odeia por você ser justo ou honesto, ele te odeia por você existir!

133. Andar pelo Entendimento

"Portanto, vede prudentemente como andais, não como néscios, mas como sábios," (Efésios 5:15)

Ande pelo entendimento, não pelos sentimentos. Os sentimentos são enganosos e tremendamente traiçoeiros, mas a visão da verdade te instrui no caminho da prosperidade, ainda que você sofra no momento. Se pelo entendimento você tem ciência de que algo é errado, não importa o que você sinta, se desvie! Não caia nas armadilhas "do coração". Isso não é aprovado. Escolha a sabedoria. Todavia, ainda, não a tua própria sabedoria e entendimento, mas a sabedoria que vem de Deus, declarada nas instruções da Sua Palavra. Ande com os olhos abertos e não confie no teu próprio coração, mas tome mão da sensata inteligência para adentrar pelos caminhos do sucesso segundo os padrões de Deus. Adquira a Sabedoria, mais do que o ouro. Nunca murmure, nem se descontrole exigindo "direitos" para si. Vença as provações e testes da vida como treinamentos do Céu, pois tudo sempre será ensino, para você ser Aperfeiçoado e Crescer, nunca para te destruir, se você assim interpretar! Somente Agradeça por tudo o que você tem, e em todas as situações, tomando a mente de Vitória, sabendo que Deus Trabalha por Você. Saiba disso, o sábio de coração é alguém que frequentemente sofre em seus sentimentos, mas, no entanto, anda no caminho da prosperidade, tem o domínio de si, a organização e o perfeito controle da sua própria vida, na esfera pessoal, e isto não tem preço.

Para o homem, ter juízo vale mais do que ser rico.

134. Orgulho Caro

"Porque o salário do pecado é a morte, mas o dom gratuito de Deus é a vida eterna em Cristo Jesus, nosso Senhor." (Romanos 6:23)

Sabe por que o ser humano gosta do pecado? Porque ele CUSTA CARO, custa a morte. E sabe por que ele rejeita a salvação? Porque ela é DE GRAÇA! O orgulho do coração do homem é a sua desgraça! É difícil para ele compreender que é um ser miserável, necessitado de piedade e não de elogios, e que NÃO PODE NADA! Mas esta é a verdade, você é um pecador. Você não pode fazer nada além de se ARREPENDER, se DOBRAR NO CHÃO e SUPLICAR misericórdia diante de Deus para que ele abra os teus olhos, e para que você se converta e seja salvo no conhecimento da VERDADE!

"Porque esta é a vontade de Deus, a vossa santificação; que vos abstenhais da prostituição;" (1 Tessalonicenses 4:3)

Você é templo do Espírito Santo. Você deve se manter santo e separado, longe de todo pecado, pelo simples fato de que para Deus você é Supremamente Precioso(a). Para Ele você tem o valor maior do que tudo. Ele entregou o Seu Filho por você. Ande na presença do Senhor, busque ter a Sua Luz no Interior do teu Coração, que te dará alegria verdadeira, e consagre a tua vida como Sacrifício Vivo no altar da santificação do Todo-Poderoso. Seja uma pessoa de valor, invista no teu crescimento humano e espiritual. Tenha coragem, Supere as provações de crescimento e vá vencendo a luta contra o pecado para adquirir maturidade para ser uma pessoa preparada para a Vida.

135. Grandeza Sublime

"Eis que os céus e os céus dos céus são do SENHOR teu Deus, a terra e tudo o que nela há." (Deuteronômio 10:14)

"Do qual toda a família nos céus e na terra toma o nome." (Efésios 3:15)

Querido irmão(ã), olhe a Terra, as pessoas, a natureza, as florestas, os montes, os rios, os animais e toda a vida do nosso planeta. Tenha certeza de que Deus te ama e neste momento os Seus olhos estão concentrados na Sua obra neste mundo para a Salvação dos Seus Escolhidos. Mas tenha certeza: Você acha que Ele é pequeno e tem todo este esplendor de vida, amplidão e riqueza somente aqui na Terra? Saiba que Ele é Infinitamente Grandioso e existe na Criação, além da Terra e deste Universo, o Reino Celestial e Estelar dos Universos Superiores, Galáctico e Indizivelmente Vasto, Cheio de Poder, de Glória e de Vida, cheio de Reinos, Povos e Famílias Celestiais de Luz. Uma Imensidão Sublime, de uma grandeza certamente Indescritível, muito além da nossa visão. Deus é impensavelmente Maior e mais Maravilhoso do que possamos pensar.

"Porque todos os deuses dos povos são ídolos, mas o SENHOR fez os céus." (Salmos 96:5)

Pense irmão. Olhe para a dimensão dos céus, contemple a Terra, a luz do Sol e a natureza. A tua fé é um dom dado pelos céus precioso demais para você direcioná-lo a um ídolo engessado. Você é o Espelho da Glória, Imagem e Semelhança do Todo-Poderoso Deus, vivo e sempre presente dentro do teu coração e atuante em todos os teus caminhos.

136. Face no Chão

"Quem crê no Filho de Deus, em si mesmo tem o testemunho; quem a Deus não crê mentiroso o fez, porquanto não creu no testemunho que Deus de seu Filho deu. E o testemunho é este: que Deus nos deu a vida eterna; e esta vida está em seu Filho." (1 João 5:10)

Peço a todos os irmãos que estão "sentindo" receber revelações (ou REVELAMENTO) que coloquem a FACE NO CHÃO, dobrem o ORGULHO e passem TEMPO LENDO A BÍBLIA. O verdadeiro profeta é alguém que tem o testemunho da salvação e do poder de Deus primeiramente na PRÓPRIA VIDA, e fala as Palavras vindas dEle, revelando os seus propósitos, transmitindo as suas advertências e pronunciando os seus julgamentos, para alertar, e para edificação e exortação dos ouvintes. Portanto eu peço que estejam de OLHOS ABERTOS para os que se apresentam como profetas em qualquer lugar que seja, pois nenhum profeta pode transgredir a Palavra Escrita. Deixo bem claro sobre os profetas que alertam amedrontando as pessoas sobre sentenças de morte, seja para quem for:

"O SENHOR é o que tira a vida e a dá; faz descer à sepultura e faz tornar a subir dela." (1 Samuel 2:6)

Deus é quem nos sustenta a vida. Podemos morrer? É evidente que podemos. Mas Deus nos deu a promessa de que, se recebermos a salvação, só iremos sair desta terra MAIS DO QUE VENCEDORES, por meio de Jesus, depois de termos dado testemunho da sua verdade, da salvação e do seu poder, como Seus filhos e filhas redimidos da condenação no meio de um mundo corrompido.

137. Pelo Nome de Jesus

"Eis que vos dou poder para pisar serpentes e escorpiões, e toda a força do inimigo, e nada vos fará dano algum." (Lucas 10:19)

Você crê ou não crê que o verdadeiro discípulo de Cristo tem a autoridade e a vitória contra TODO o poder do inimigo? Você tem que viver a realidade da existência sobrenatural que Deus te deu pelo poder de Cristo e também ser cheio do Espírito Santo para a glória de Deus. Toda autoridade que é transmitida a nós é através do Nome de Jesus e efetivada no poder da Sua obra Vitoriosa de Redenção na Cruz. Se você não está vivendo na dimensão da Glória e do poder do Reino de Deus, então você precisa abrir os olhos, se dispor e começar a buscar a Face do Todo-Poderoso, Arquiteto da nossa Salvação, ser impactado e quebrado, crucificar o velho homem e ser transformado para tomar posse da Vida Espiritual Sobrenatural que foi conquistada para todo aquele que crê na Verdade e é nascido de Deus, recebendo o Evangelho do Triunfo Eterno de Cristo.

"Porque necessitais de paciência, para que, depois de haverdes feito a vontade de Deus, possais alcançar a promessa." (Hebreus 10:36)

A caminhada cristã é uma caminhada de paciência. A provação não vem para os escarnecedores, mas só para quem recebeu o Espírito Santo, está sujeito à Cristo e segue na jornada espiritual da vitória. Seja insistente e permaneça fiel em toda tribulação que o tempo te disciplinará e te ensinará a ter a visão da glória de Deus e da sua verdade substancial!

138. Livre Aceitação

"Porque pela graça sois salvos, mediante a fé. E isto não vem de vós, é dom de Deus. (Efésios 2:8)

A salvação não é dada através da decisão, a salvação é dada quando surge a existência da fé. Ninguém precisa forçar uma pessoa a ser salva, é um evento de livre aceitação, por obra do Espírito Santo. Ninguém decidirá ser salvo porque se interessou ou simpatizou com a Mensagem, pois se alguém estiver morto não saberá e não decidirá, mas será salvo porque a fé o transformou e gerou nele a vida, possibilitando uma real decisão para seguir a Cristo. A fé é totalmente espontânea e nasce do coração, através do ouvir da pregação da Palavra de Deus. Jesus Cristo é o Filho de Deus, O Unigênito Eleito. Através dele, Deus se tornou integralmente homem e esteve entre nós, nos trazendo o Reino dos Céus e revelando o plano daquele que nos criou. Aquele que crê no Seu nome tem a vida eterna, ressuscitou e está reconciliado com Deus, pois pela sua morte e ressurreição temos o perdão, a regeneração e somos salvos de todos os nossos pecados.

"Mas vós sois dele, em Jesus Cristo, o qual para nós foi feito por Deus sabedoria, e justiça, e santificação, e redenção;" (1 Coríntios 1:30)

Você pensa que a justiça de Deus não é justa? Existe algo mais justo para o homem do que o homem ser provado e salvo através da fé? Não! A coisa mais justa que pode existir para o homem é ele ser provado e salvo através da fé, sem mérito próprio algum, mas baseado unicamente na bendita e eterna obra redentora de Jesus, nos Seus méritos e na Sua perfeita justiça.

139. Sujeitai-vos a Deus

"Sujeitai-vos, pois, a Deus, resisti ao Diabo, e ele fugirá de vós." (Tiago 4:7)

Tenha os olhos abertos para as artimanhas depravadas do Inimigo. O Diabo não aceita nada que não seja sujeito ao pecado. Ele é o Pai da Mentira e Enganador. Não pense que ele te ajudará, de qualquer forma que seja ou em hipótese alguma. Ele jamais ajudará criatura nenhuma, pois em absoluto, ele só aceitará aquilo que estiver sujeito ao pecado e atente contra Deus. Não negocie com o inimigo, tudo o que ele faz, à toda lei, nasce do seu ódio inveterado contra Deus. Ele é norteado por Insurreição, Ciúme, Destruição e Domínio Extorsivo. Não existe meio-termo, se volte para a Verdade, olhe para o alto, busque o Conhecimento de Deus e se revista do Seu Temor, sujeite-se à Cristo e siga no Caminho da Luz, pois a promessa que temos é de que, permanecendo submissos e sustentando a Palavra da Verdade, sempre recebermos a vitória contra todos os poderes da Sedição das Trevas.

"Não deis lugar ao Diabo". (Efésios 4:27)

Irmão e irmã, qual o pai que não gosta de estar com o filho? Pois mesmo que existir, saiba que Deus quer te ajudar, conversar e estar sempre do teu lado. Ele sabe que você é cheio de defeitos, mesmo assim ele está pronto para te ajudar e te mostrar o caminho. Você já ousou chamá-lo de Pai? Deus te ama, não pense diferente!!!

140. Ato de Gratidão

"Dai, e ser-vos-á dado; boa medida, recalcada, sacudida e transbordante, vos deitarão no vosso regaço; porque com a mesma medida com que medirdes também vos medirão de novo." (Lucas 6:38)

Jesus ordenou a prática da oferta ministerial e da esmola aos pobres. Porém uma coisa fica evidente: Deus abençoa o trabalho e o dinheiro obtido de forma lídima, e a não ser que você seja chamado para um ministério separado, que signifique renúncia integral, jamais exigirá que você entregue parcelas exorbitantes dos teus haveres, mas somente pequenas parcelas, *"conforme a prosperidade de cada um" (1 Coríntios 16:2)*. É sempre possível a entrega de parcelas maiores, ou até mesmo de tudo o que se possui (Lucas 21:4; Mateus 19:21), mas isto não é feito de forma constritiva, nem sob ameaça, mas são chamados espontâneos, de forma independente e suportada sobre a fé, como um ato de submissão, e cheio de graça. Se você serve a Deus e trabalha resignadamente, você ofertará uma pequena parcela, conforme a tua prosperidade, e nem por isso Ele deixará de te abençoar e continuar te dando vitória no caminho da fé! O Dízimo no Novo Testamento não é mais obrigatório, embora ele agora é entregue como um Ato de Fé e tem grandes promessas de prosperidade para quem ousa separá-lo. As demais ofertas, grandes ou pequenas, são quando você sente que está sendo chamado espontaneamente para um propósito de bênção especial na obra de Deus.

"Cada um contribua segundo propôs no seu coração; não com tristeza, ou por necessidade; porque Deus ama ao que dá com alegria." (2 Coríntios 9:7)

Deus prometeu que abençoará a tua oferta sempre que for entregue com boa disposição e gratidão no Espírito!

141. Comunhão Inseparável

"Se, pois, ao trazeres ao altar a tua oferta, ali te lembrares de que teu irmão tem alguma coisa contra ti, deixa perante o altar a tua oferta, vai primeiro reconciliar-te com teu irmão; e, então, voltando, faze a tua oferta." (Mateus 5:23)

Não pense que o teu irmão não tem importância, você deve dispensar toda diligência para estar em comunhão, tendo um só sentimento e estar de acordo com aqueles que estão ao teu lado seguindo na jornada da fé. Saiba ser servo de todos, se sujeite a Deus, crucifique o orgulho, se dobre, peça perdão e saiba sempre se humilhar diante de todos quando for preciso. Preserve a unidade do Corpo de Cristo. Se você estiver em desavença, despeitado, ou ainda mais em inimizade com qualquer um dos amados do Pai, Deus não aceitará nem mesmo as ofertas que você fizer, sejam materiais ou espirituais.

"Porque desde a antiguidade não se ouviu, nem com ouvidos se ouviu, nem com os olhos se viu um Deus além de ti que trabalha para aquele que nele espera." (Isaías 64:4)

Tenha fé irmão, seja forte. Creia que maior é Aquele que está do teu lado do que as forças Tenebrosas da Iniquidade. Ele te dará a vitória, não considere derrota as dores do processo de crescimento. Você é o barro, Deus é o Oleiro da Sabedoria Perfeita! Mantenha a Fidelidade e a Obediência até romper as fileiras do Inimigo!

142. Presença Maior

Amados de Deus, a mensagem que mostrei, dizendo que o cristão tem dentro de si algo maior do que a morte pode ter surpreendido ou escandalizado alguém. Portanto, vamos interpretar com toda a clareza o texto da Bíblia:

"Jesus respondeu, e disse-lhe: Se alguém me ama, guardará a minha palavra, e meu Pai o amará, e viremos para ele, e FAREMOS NELE MORADA." (João 14:23)

"Já estou crucificado com Cristo; e vivo, não mais eu, mas CRISTO VIVE EM MIM; e a vida que agora vivo na carne, vivo-a na fé do Filho de Deus, o qual me amou, e se entregou a si mesmo por mim." (Gálatas 2:20)

Portanto, você pode ver que Jesus e o próprio Deus passam a habitar dentro de quem recebe o Salvador, correto? Se concorda, pense: Quem é maior do que tudo, inclusive a morte?

Difícil de acreditar, mas é o que Deus opera em quem recebe o Evangelho. Certamente que você ainda não é nenhum imortal, mas creia que Cristo vive dentro de você. E se Ele vive em você, você não precisa ter medo de nada, exceto de se desviar da graça!

Por isto você tem que exercer fé na Palavra de Deus, para que ela se torne eficaz e operante em todas as áreas da tua vida. Você vai crescendo e sendo transformado, conforme você recebe da graça e da luz do Pai.

Este é o caminho, para ser cristão você tem que acreditar, e não somente acreditar, como também VIVER dimensões e fatos sobrenaturais desde já. Tenha visão de águia, o Poder do Céu é real!!!

143. O Renascimento em Cristo

"Jesus respondeu: Em verdade, em verdade vos digo que, se alguém guardar a minha palavra, nunca verá a morte." (João 8:52)

Você entende por que esta palavra de Jesus é tão extrema? O renascimento espiritual que Jesus Cristo dá é um milagre maior do que a morte, de maneira que quem renasce em espírito não precisa ter medo da morte, muito embora que deva ser prudente, pois dentro dele está algo maior do que a mesma, o dom da Vida Eterna, que é dado já desde o momento em que você crê no Salvador. Quem crê em Cristo e vence a guerra da fé deste mundo, apenas se desveste do corpo terrestre, mas não morre, e também não vai para algum "além", mas transcende para uma dimensão superior da existência, a superexistência magnífica da eternidade, mais real e indizivelmente mais sublime do que esta, os Céus Eternos onde habita o Todo-Poderoso Deus, nosso Pai, e estão junto a Ele, e a Jesus, e tem acesso para se achegar diante da Sua face. Aqueles que recebem o Salvador recebem algo maior do que a morte, se tornando filhos de Deus, e por isto mesmo também um dia hão de ressuscitar corporalmente, e estarão nesta mesma dimensão terrestre, conversando e apertando as mãos, revestidos de glória e incorruptibilidade, assim como o nosso Senhor um dia ressuscitou, nos dando a possibilidade de pleno perdão e de completa salvação, a todos os que se dispõe e recebem, no tempo de hoje, a sua oferta de Vida.

"Mas, a todos quantos o receberam, deu-lhes o poder de serem feitos filhos de Deus, aos que creem no seu nome; Os quais não nasceram do sangue, nem da vontade da carne, nem da vontade do homem, mas de Deus." (João 1:12)

144. Liberto do Pecado

"E, libertados do pecado, fostes feitos servos da justiça." (Romanos 6:18)

Você não tem que parar de pecar, você tem que ser LIBERTO do pecado!!! Parar de pecar é impossível, você tem que ser transformado!!! Viva em espírito, pois só uma transformação interior extraordinária, através de um procedimento de fé, praticando a Palavra de Deus e tendo comunhão com o Pai em oração, é que vai te tornar liberto do velho homem e cheio da graça de Deus através de Jesus, a Videira Verdadeira de onde você recebe vida espiritual. Ele é a fonte de água viva vinda do Espírito que supre de sobra toda e qualquer sede e sustenta substancialmente o teu coração, subjugando os desejos da carne. Crucifique a velha natureza, se encha da graça de Deus e seja vencedor pelo poder do nome de Jesus!

"Porque já estais mortos, e a vossa vida está escondida com Cristo em Deus." (Colossenses 3:3)

O maior argumento do Diabo para forçar o ser humano a desistir de tudo é quando ele diz que a vida deste mundo não vale a pena. Pois o pior é que ele fala a verdade (meia verdade), pois este mundo inteiro jaz no Maligno e a única saída é entregar a velha vida para Jesus, receber o perdão, renascer em espírito e viver para seguir os passos do Mestre. Este mundo atual, com a sua aparência mentirosa, já está julgado e vencido. Mas o Reino de Deus durará para sempre.

145. Visita Maravilhosa

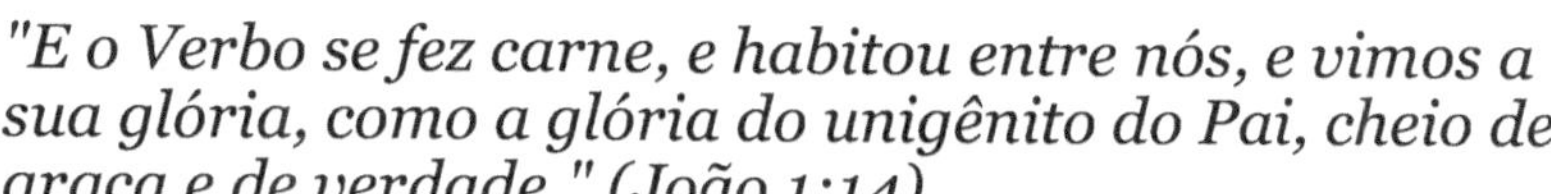

"E o Verbo se fez carne, e habitou entre nós, e vimos a sua glória, como a glória do unigênito do Pai, cheio de graça e de verdade." (João 1:14)

É assustador quando olhamos por que o mundo não desperta para o fato de que o Filho de Deus, Maravilhoso, Bendito e Sublime, esteve entre nós, ensinando, vivendo e interagindo com as pessoas. Só a Palavra de Deus explica isso: Existe um poder maligno operando na Terra, que cega os olhos dos incrédulos, para que a luz não resplandeça sobre eles. Se as pessoas compreendessem a magnitude da presença de quem nos visitou, certamente o mundo já teria sido salvo e transformado. Mas tudo isso acontece para que o desígnio de Deus se cumpra, ou seja, que a salvação tem que ser pela fé. E esta fé tem que ser provada naqueles que aceitam a verdade. Por isso essa obscuridade ainda predomina sobre os incrédulos, para que a prova da nossa fé, que vê o invisível, termine em exaltação, honra e glória para o nome de Deus, que nos predestinou para combatermos o bom combate e vencermos o mundo, por meio de Jesus, e permanecer firmes na visão do Novo Mundo e da Glória de Deus, enquanto o Senhor faz avançar a Sua obra de Redenção sobre todos os que creem.

"Ao SENHOR dos Exércitos, a ele santificai; e seja ele o vosso temor e seja ele o vosso assombro." (Isaías 8:13)

Pode parecer impressionante, mas se você tem medo do Diabo, você está desobedecendo a Deus! Pois temos o mandamento de temer somente ao Senhor. O inimigo é digno de vigilância, mas só Deus é digno de ser temido.

146. Vida de Discípulo

"Assim que, se alguém está em Cristo, nova criatura é; as coisas velhas já passaram; eis que tudo se fez novo." (2 Coríntios 5:17)

Não desperdice a tua vida. Não fique procurando agradar ao mundo, você não foi chamado para uma vida de aplausos, mas para ser discípulo, passar pela cruz, morrendo para o mundo, viver uma vida de vitória sobre o pecado e de conquistas espirituais que glorifiquem a Deus, pois você foi transformado conforme a imagem de Cristo. Aqui não é o fim de tudo, mas uma jornada de fé para que você supere todas as batalhas, viva na presença de Deus, seja um vencedor e se torne um cidadão do Reino de Deus.

"Ou, como pode alguém entrar em casa do homem valente, e furtar os seus bens, se primeiro não maniatar o valente, saqueando então a sua casa?" (Mateus 12:29)

Eis um princípio de Verdadeira Batalha Espiritual. Você não poderá fazer nada contra o poder do inimigo se primeiro não prevalecer prostrado diante do altar de Deus em súplica e oração, e também quando for pela salvação e libertação dos perdidos.

147. Eleição e Predestinação

"Eleitos segundo a presciência de Deus Pai, em santificação do Espírito, para a obediência e aspersão do sangue de Jesus Cristo: Graça e paz vos sejam multiplicadas." (1 Pedro 1:2)

"Porque os que dantes conheceu também os predestinou para serem conformes à imagem de seu Filho, a fim de que ele seja o primogênito entre muitos irmãos. E aos que predestinou a estes também chamou; e aos que chamou a estes também justificou; e aos que justificou a estes também glorificou." (Romanos 8:29-30)

Muitos teólogos fazem confusão com a doutrina da eleição e da predestinação. Mas tudo se define no próprio texto da escritura, que diz que a eleição é *"segundo a presciência de Deus"*. Ou seja, Deus elegeu os salvos não por mero agrado, mas por sua soberana visão presciente, sabendo perfeitamente quem eram os seus, nos quais a fé existiu desde a eternidade.

Sendo Deus soberanamente presciente, os elegeu, em seu Filho, desde o princípio, pela antevisão da fé que neles existiria. Por isto é necessário que os salvos sejam provados, para que a verdade a respeito da perfeita eleição de Deus seja confirmada e manifesta. Deus não tira o livre-arbítrio, como muitos argumentam. Ele não precisa fazer isto, e não o faz. Ele enxerga as nossas obras desde a eternidade. A sabedoria de Deus é suprema. Ele é maior do que o livre-arbítrio e enxerga tudo no interior do coração desde o princípio.

A eleição dos salvos foi feita de antemão, antes da sua passagem sobre este mundo, porque estavam reunidos, diante de Deus, na eternidade. O que acontece na Terra, já esteve determinado na eternidade. E isto está dentro do coração de cada um. Quem é eleito, já sabe disto desde o princípio, pois o Espírito de Deus o testifica dentro de seu coração.

Quem é eleito não precisa se preocupar com o livre-arbítrio, pois o eleito não sente prazer no pecado, nem o procura, nem por ele sente interesse, pois o seu prazer é fazer a vontade de Deus e buscar o Seu reino e a sua justiça. Ele sente prazer em praticar a justiça e falar a verdade. Ele não precisa questionar a Deus.

Tudo é pela presciência soberana de Deus. Nem a queda do homem escapou da sua presciência. Por isto está escrito que ele nos elegeu desde *"antes da fundação do mundo." (Efésios 1:4)*. Antes de Adão pecar, a eleição já havia sido realizada.

Os propósitos de Deus são eternos. Ele planeja tudo com assombrosa exatidão e sabedoria. E todos os seus planos se realizam de maneira exata e no tempo determinado. A mão de Deus dirige tudo e todos de maneira que a sua glória, sua verdade e o seu poder prevaleçam, e seus propósitos eternos se cumpram.

Se você sente a direção de Deus dentro do teu coração, você tem a eleição, e se for verdadeira, ninguém a poderá tirar, desde que você permaneça na fé até o fim, pois é dádiva eterna provinda de Deus, em Cristo. Por isto, é necessário que você passe por várias provações e vença, para que Deus seja glorificado pela vitória dos teus atos de fé e de justiça, em sujeição à sua vontade soberana.

A eleição não está sujeita ao tempo. Ela é uma dádiva sublime de Deus, gerada em Cristo, o *"Cordeiro de Deus morto desde a fundação do mundo." (Apocalipse 13:8)*.

Antes de Adão pecar, Cristo já havia tomado sobre si a morte expiatória para nos redimir dos nossos pecados.

A eleição é pelo fato de que Deus vê com perfeição o destino e o desenvolvimento do seu projeto desde o princípio. E mais do que isto, Ele vê o interior do coração. A eleição não falha, e não poderá falhar. Foi determinada pelos desígnios de Deus, desde a eternidade.

148. A Idade do Universo e a Bíblia

Ao contrário do que muitos interpretam, a Bíblia diz inteligivelmente que o Universo é antigo.

No início de Gênesis, no primeiro verso, há o relato da criação, onde foram feitos o Universo e a Terra primitiva, uma grande esfera rochosa transmutada do vapor de água, de interior magmático, numa era de tempo distante. É neste tempo que estava sendo criada a matéria e energia cósmica que hoje existem. (Gênesis 1:1).

Forçosamente temos que interpretar os dias narrados neste capítulo como dias divinos, gigantescas eras supertemporais, até porque a configuração estática do planeta, que definiria dia e noite, ainda não estava determinada. E, evidentemente, a "tarde e manhã" não podia se referir à um dia de 24 horas, pois esta declaração começa no versículo 5, antes da criação do Sol. Provavelmente, "tarde e manhã" designava uma grande era de tempo, um dia na perspectiva de Deus, talvez centenas de milhões de anos. Também está claramente expresso que a criação da Terra foi feita ao mesmo tempo que a criação do Universo que conhecemos. A Astronomia assinala a idade da Terra com cerca de 4,5 a 4,6 bilhões de anos, o Sol entre 4,6 a 10 bilhões de anos, o que, considerando as grandes margens de possibilidades de variação, poderiam perfeitamente se enquadrar numa grande cortina de eras temporais decorridas nas etapas descritas no texto bíblico.

No versículo 2 vemos a descrição da Terra como uma esfera rochosa elementar sem forma pronta para ser transformada. A ausência do Sol e das Estrelas fazia do horizonte e de toda visão espacial um abismo de escuridão sem fim. O Espírito de Deus, como a força que move o Universo, estava presente. Então Deus interveio para realizar o plano da criação da Terra.

O primeiro elemento a ser criado foi a luz. Luz antes do Sol? Sim, mas a luz do universo como um todo, pois a criação na Terra foi em tempo simultâneo a todo o Cosmos. Talvez tenha sido a luz provinda dos processos reativos de uma pré-formação do Sol. Isto também se referia a criação da luz universal, que brilha nos elementos espaciais carregados de força energética, como as primeiras estrelas geradas pelos gases primordiais e poeira provindos da grande explosão inicial que fez aparecer a Face Espacial Primitiva.

Então foi criada a estrutura geofísica da Terra. No versículo 6 vemos a criação de uma expansão, ou firmamento no meio das águas, e separação entre águas e águas. Sabemos que há grande quantidade de água na atmosfera. A expansão, ou firmamento, é a atmosfera, o Céu terrestre onde se formam as nuvens e os fenômenos climáticos. Esta foi a separação das águas, as águas vaporizadas que ficaram suspensas na atmosfera e as águas liquefeitas que cobriam todo planeta.

No versículo 9 o aspecto da Terra começa a melhor se desenhar: várias revoluções causam grandes mudanças geofísicas, e aparece a porção seca, os grandes continentes com as suas acidentações e cadeias montanhosas. E o mar ficou delimitado.

No versículo 11 está o começo da criação da vida, as ervas e árvores frutíferas que davam sementes conforme a sua espécie. É um grande mistério de como existiram plantas antes da formação do Sol. Mas é preciso observar que ninguém sabe a configuração espacial, térmica, atmosférica e os fenômenos químicos que estavam sobre a Terra naquele momento de criação, onde o próprio Deus estava agindo, sustentando e intervindo para dar vida ao planeta. Possivelmente o Sol já estava em fase de pré-formação, com todos os fenômenos misteriosos que antecedem o aparecimento de uma estrela.

Á partir do verso 14, vemos então a ordem para a finalização da criação do Sol, da Lua e dos astros interplanetários, que serviriam para sinais, e para contar os tempos, dias e anos. Todo este processo ocorreu numa linha de tempo de cálculo certamente ainda desconhecido, mas perfeitamente determinado e orquestrado com perfeita sabedoria. A nuvem de gás se condensou e deu origem à nossa grande estrela, fonte de luz, calor e energia para dar força à vida do nosso astro planetário. No versículo 16 ainda está escrito que Deus fez as estrelas. Isto se refere à todo o período de tempo em que estava sendo criado o Universo juntamente com a Terra. Isto se esclarece no livro de Jó:

"Onde estavas tu, quando eu fundava a terra? Faze-mo saber, se tens inteligência. Quem lhe pôs as medidas, se é que o sabes? Ou quem estendeu sobre ela o cordel? Sobre que estão fundadas as suas bases, ou quem assentou a sua pedra de esquina, Quando as estrelas da alva juntas alegremente cantavam, e todos os filhos de Deus jubilavam?" (Jó 38:4-7)

"Ou poderás tu ajuntar as delícias do Sete-estrelo ou soltar os cordéis do Órion? Ou produzir as constelações a seu tempo, e guiar a Ursa com seus filhos?" (Jó 38:32-33)

Á partir do versículo 20 vemos a criação dos répteis, peixes e aves. Isto pode se harmonizar perfeitamente com os estudos da ciência, que diz que a vida surgiu na água, com os peixes, assim como declara que aves e répteis foram as primeiras criaturas a surgirem na cronologia da vida terrestre. Não podemos determinar pragmaticamente como a vida surgiu, nem endossar a teoria da evolução, que nunca encontrou o elo das espécies, pois o texto diz que todo ser vivente foi criado cada um segundo a sua espécie. Neste tempo também podem ter existido e se extinguido os grandes répteis jurássicos identificados nos fósseis. Mas

podemos saber que os animais surgiram de um grande processo miraculoso sob o poder do Criador.

No versículo 24 Deus continua a sua obra com a criação dos mamíferos e demais répteis terrestres. Tudo sob uma ordem e harmonia minuciosamente calculada e programada, segundo o saber perfeito do Todo-Poderoso Arquiteto.

No versículo 26, por fim, vemos Deus criando o homem, coroado com Sua imagem e semelhança para exercer domínio sobre a Terra criada, enchida de vida, de ordem e de harmonia. Sabemos que no princípio dos tempos o homem foi tentado a desobedecer ao Criador e caiu, deixando a morte e o caos entrarem no mundo, mas este é um assunto posterior a ser tratado.

A astronomia assinala a idade do Universo acima da casa dos 13 bilhões de anos. E isto não precisa necessariamente ser desmentido.

A Bíblia não contraria a geologia nem a ciência legítima. Ela deve ser lida de entendimento livre, e serão encontrados mistérios e explicações surpreendentemente lógicos.

"Vós tudo perverteis, como se o oleiro fosse igual ao barro, e a obra dissesse do seu artífice: Não me fez; e o vaso formado dissesse do seu oleiro: Nada sabe." (Isaías 29:16)

É loucura, e sempre o será, para desgraça e autodestruição, a criatura desviar-se do Seu Criador.

149. Pilares da Evangelização

"Porque Deus amou o mundo de tal maneira que deu o seu Filho unigênito, para que todo aquele que nele crê não pereça, mas tenha a vida eterna." (João 3:16)

Se você ainda não sabe como evangelizar e pregar o Evangelho, estes são cinco dos pilares básicos que você tem que decorar e estudar, observando que a leitura da Bíblia e o seu completo conhecimento é fundamental para todo pregador.

1. Existe um Deus, Único e Verdadeiro, Todo-Poderoso, Todo-Sábio, Eterno, que Criou todas as coisas, os Céus, a Terra e que deu a vida ao homem, e a todo ser que respira. Amoroso, misericordioso, perdoador, mas também Justo e Santo, que julga a todas as criaturas com justiça.

2. Este mundo é um mundo caído. Deus criou o primeiro homem perfeito, feliz e puro, mas também deu o livre-arbítrio para ele. Deus deu a Terra e o Universo, a felicidade e a vida sem fim para ele, em troca de um mínimo ato de obediência. O primeiro homem foi provado e escolheu desobedecer a Deus pela tentação da antiga serpente, entregando o tudo em troca do nada, se tornou pecador e deixou o sofrimento, a corrupção e a morte entrarem no mundo.

3. Todos são pecadores, pois o primeiro homem, que geraria toda a raça humana, pecou e transmitiu a natureza do pecado, da corrupção e da morte para todos os seus descendentes, para todos os homens que desde então nascemos todos em estado de pecado, de maldade e debaixo da sentença da condenação eterna.

4. Mesmo tendo o homem caído, Deus amou o mundo e providenciou um plano de salvação para ele, enviando a Jesus Cristo, o Seu Filho Unigênito ao mundo como homem para enfim viver uma vida perfeita e entregá-la como sacrifício a Deus, morrendo em nosso lugar pelos nossos pecados para satisfazer a justiça de Deus e para que houvesse possibilidade de perdão para os nossos pecados, ressuscitando ao terceiro dia para a nossa justificação.

5. Todo aquele que se arrepender dos seus pecados e crer (acreditar) em Jesus, o Filho de Deus, e receber no seu coração o Evangelho do Seu poder como sendo a verdade, será perdoado de todos os seus pecados e salvo, nascerá de novo em espírito para uma nova vida e receberá o Dom da Vida Eterna, recebendo um novo espírito e uma nova natureza, gerada em Jesus Cristo, incorruptível, de semente divina, eterna e santa, passará a fazer parte do Reino de Deus desde hoje, viverá na luz, receberá uma missão e um caminho para percorrer uma caminhada de fé no mundo, junto com todos os outros eleitos de Deus, seus irmãos, junto com a Igreja dos Escolhidos, onde deverá servir a Deus e permanecer fiel e obediente à Palavra de Deus, que é a Bíblia Completa, até o fim, através da qual poderá vencer o Bom Combate da Fé, as provas de fidelidade, concluir a carreira e ser feito vencedor na Terra.

150. No Caminho da Fé

Quem é Deus?

"E disse Deus a Moisés: EU SOU O QUE SOU. Disse mais: Assim dirás aos filhos de Israel: EU SOU me enviou a vós." (Êxodo 3:14). "Digno és, Senhor, de receber glória, e honra, e poder; porque tu criaste todas as coisas, e por tua vontade são e foram criadas." (Apocalipse 4:11)

Nós podemos conhecer a Deus? Ele se permite ser conhecido?

"Então conheçamos, e prossigamos em conhecer ao Senhor; a sua saída, como a alva, é certa; e ele a nós virá como a chuva, como chuva serôdia que rega a terra." (Oséias 6:3)

Existe algo ou alguém maior do que Ele?

"Lembrai-vos das coisas passadas desde a antiguidade; que eu sou Deus, e não há outro Deus, não há outro semelhante a mim." (Isaías 46:9)

Desde quando Ele existe?

"Antes que os montes nascessem, ou que tu formasses a terra e o mundo, mesmo de eternidade a eternidade, tu és Deus." (Salmos 90:2)

Qual é o tamanho do Seu Poder?

"E Jesus, olhando para eles, disse-lhes: Aos homens é isso impossível, mas a Deus tudo é possível." (Mateus 19:26)

Onde Ele habita?

"Porque assim diz o Alto e o Sublime, que habita na eternidade, e cujo nome é Santo: Num alto e santo lugar habito; como também com o contrito e abatido de espírito, para vivificar o espírito dos abatidos, e para vivificar o coração dos contritos." (Isaías 57:15)

Como é o Seu Conhecimento e Sabedoria?

"Como as alturas dos céus é a sua sabedoria; que poderás tu fazer? É mais profunda do que o inferno, que poderás tu saber?" (Jó 11:8)

Deus me ama?

"Porque Deus amou o mundo de tal maneira que deu o seu Filho unigênito, para que todo aquele que nele crê não pereça, mas tenha a vida eterna." (João 3:16)

Jesus realmente esteve entre nós?

"o Verbo se fez carne, e habitou entre nós, e vimos a sua glória, como a glória do unigênito do Pai, cheio de graça e de verdade." (João 1:14). "O que era desde o princípio, o que ouvimos, o que vimos com os nossos olhos, o que temos contemplado, e as nossas mãos tocaram da Palavra da vida." (1 João 1:1)

Há perdão para os meus pecados?

"Se confessarmos os nossos pecados, ele é fiel e justo para nos perdoar os pecados, e nos purificar de toda a injustiça." (1 João 1:9)

Ele realmente me perdoará?

"E, quando vós estáveis mortos nos pecados, e na incircuncisão da vossa carne, vos vivificou juntamente com ele, perdoando-vos todas as ofensas, Havendo riscado a cédula que era contra nós nas suas ordenanças, a qual de alguma maneira nos era contrária, e a tirou do meio de nós, cravando-a na cruz." (Colossenses 2:13, 14)

O que preciso fazer para ser salvo(a)?

"A saber: Se com a tua boca confessares ao Senhor Jesus, e em teu coração creres que Deus o ressuscitou dentre os mortos, serás salvo." (Romanos 10:9). "E eles disseram: Crê no Senhor Jesus Cristo e serás salvo, tu e a tua casa." (Atos 16:31)

Eu receberei uma nova vida?

"Estas coisas vos escrevi a vós, os que credes no nome do Filho de Deus, para que saibais que tendes a vida eterna, e para que creiais no nome do Filho de Deus." (1 João 5:13). "Assim que, se alguém está em Cristo, nova criatura é; as coisas velhas já passaram; eis que tudo se fez novo." (2 Coríntios 5:17)

Eu serei justificado e terei paz diante de Deus?

"Tendo sido, pois, justificados pela fé, temos paz com Deus, por nosso Senhor Jesus Cristo;" (Romanos 5:1)

Alguém poderá me condenar?

"Portanto, agora nenhuma condenação há para os que estão em Cristo Jesus, que não andam segundo a carne, mas segundo o Espírito." (Romanos 8:1)

Deus sempre estará comigo?

"Todo o que o Pai me dá virá a mim; e o que vem a mim de maneira nenhuma o lançarei fora." (João 6:37). "Não temas, porque eu sou contigo; não te assombres, porque eu sou teu Deus; eu te fortaleço, e te ajudo, e te sustento com a destra da minha justiça." (Isaías 41:10)

Eu serei abençoado(a)?

"Bendito o Deus e Pai de nosso Senhor Jesus Cristo, o qual nos abençoou com todas as bênçãos espirituais nos lugares celestiais em Cristo;" (Efésios 1:3)

Eu precisarei caminhar e crescer na fé?

"Antes crescei na graça e conhecimento de nosso Senhor e Salvador, Jesus Cristo. A ele seja dada a glória, assim agora, como no dia da eternidade. Amém." (2 Pedro 3:18)

Eu precisarei fazer parte de uma Igreja?

"Porque, assim como o corpo é um, e tem muitos membros, e todos os membros, sendo muitos, são um só corpo, assim é Cristo também." (1 Coríntios 12:12). "Ora, vós sois o corpo de Cristo, e seus membros em particular." (1 Coríntios 12:27)

Eu precisarei ser santo e abandonar o pecado?

"E, libertados do pecado, fostes feitos servos da justiça." (Romanos 6:18). "Nem tampouco apresenteis os vossos membros ao pecado por instrumentos de iniquidade; mas apresentai-vos a Deus, como vivos dentre mortos, e os vossos membros a Deus, como instrumentos de justiça." (Romanos 6:13)

Eu terei a vida transformada?

"E é o que alguns têm sido; mas haveis sido lavados, mas haveis sido santificados, mas haveis sido justificados em nome do Senhor Jesus, e pelo Espírito do nosso Deus." (1 Coríntios 6:11)

Se eu realmente tenho a Vida Eterna, a minha fé será provada?

"E não somente isto, mas também nos gloriamos nas tribulações; sabendo que a tribulação produz a paciência, E a paciência a experiência, e a experiência a esperança. E a esperança não traz confusão, porquanto o amor de Deus está derramado em nossos corações pelo Espírito Santo que nos foi dado." (Romanos 5:3-5)

A Graça de Deus sempre estará comigo?

"Cheguemos, pois, com confiança ao trono da graça, para que possamos alcançar misericórdia e achar graça, a fim de sermos ajudados em tempo oportuno." (Hebreus 4:16)

Eu devo ter paciência e perseverança até o fim?

"Mas aquele que perseverar até ao fim, esse será salvo." (Mateus 24:13). "Para que a prova da vossa fé, muito mais preciosa do que o ouro que perece e é provado pelo fogo, se ache em louvor, e honra, e glória, na revelação de Jesus Cristo;" (1 Pedro 1:7)

Eu tenho a promessa de que serei vencedor?

"Mas em todas estas coisas somos mais do que vencedores, por aquele que nos amou. Porque estou certo de que, nem a morte, nem a vida, nem os anjos, nem os principados, nem as potestades, nem o presente, nem o porvir, Nem a altura, nem a profundidade, nem alguma outra criatura nos poderá separar do amor de Deus, que está em Cristo Jesus nosso Senhor." (Romanos 8:37-39)

Qual é a Promessa de Deus para o futuro para mim?

"E vi um novo céu, e uma nova terra. Porque já o primeiro céu e a primeira terra passaram, e o mar já não existe." (Apocalipse 21:1). "E Deus limpará de seus olhos toda a lágrima; e não haverá mais morte, nem pranto, nem clamor, nem dor; porque já as primeiras coisas são passadas. E o que estava assentado sobre o trono disse: Eis que faço novas todas as coisas. E disse-me: Escreve; porque estas palavras são verdadeiras e fiéis. E disse-me mais: Está cumprido. Eu sou o Alfa e o Ômega, o princípio e o fim. A quem quer que tiver sede, de graça lhe darei da fonte da água da vida." (Apocalipse 21:4-6)

FIM

Sobre o Autor

Wagner Costa, Intérprete Teístico,
Pregador e Escritor Independente.
Natural da cidade de Dourados, MS, Brasil.
Estudante livre da Bíblia e Sua Interpretação, conhecimentos gerais, espiritualidade e comportamento humano.
Vosso irmão e combatente na Fé em Jesus Cristo.

Muitos destes tópicos estão publicados em:

https://decretosdafe.blogspot.com

Paz seja com os Escolhidos na Dispensação de Deus, em Cristo.

"Santifica-os na tua verdade;
a tua palavra é a verdade."
(João 17:17)

Para comprar este livro impresso ou em áudio, ou para baixar a versão em PDF grátis, acesse:

https://decretosdafe.blogspot.com

Leia a Bíblia.

www.ingramcontent.com/pod-product-compliance
Lightning Source LLC
LaVergne TN
LVHW091258150826
845673LV00006B/1462

* 9 7 8 6 5 0 0 5 7 7 2 3 5 *